Del Fuego al Chip,

Cómo la Tecnología Cambió

Nuestro Destino

Humanos y Máquinas: La Historia
de una Simbiosis

Carlos López

Introducción
La Odisea de la Información

En el vasto lienzo de la historia humana, cada pincelada de innovación ha redefinido no solo cómo vivimos, sino también quiénes somos. "Del Fuego al Chip, Cómo la Tecnología Cambió Nuestro Destino" es un viaje que traza el arco transformador de la humanidad a través de su relación con la

tecnología, desde los rudimentarios artefactos de piedra hasta la insondable complejidad de la inteligencia artificial.

Nuestra historia comienza en la prehistoria, en un mundo gobernado por las leyes implacables de la naturaleza, donde nuestros antepasados forjaron la primera chispa de ingenio humano: herramientas simples. Este fue el primer paso en nuestro camino de del fuego al chip, un camino pavimentado con curiosidad y deseo, no solo de sobrevivir sino de entender y dominar.

A medida que el tiempo avanzaba, nuestra sed de conocimiento y control nos llevó a desarrollar tecnologías cada vez más sofisticadas. La invención de la escritura nos liberó de las limitaciones de la memoria y el habla; la rueda nos permitió trascender nuestras barreras físicas; y el ábaco abrió la puerta al vasto mundo de las matemáticas. Estas innovaciones sentaron las bases de lo que eventualmente se convertiría en la revolución informática, un tsunami de progreso tecnológico que nos arrastraría hacia destinos antes inimaginables.

Este libro no solo narra la evolución de la tecnología informática y su impacto omnipresente en la sociedad, sino que también reflexiona sobre cómo estas herramientas han cambiado la esencia misma de lo que significa ser humano. Exploraremos cómo, al expandir nuestros horizontes a través de la tecnología, hemos comenzado a desafiar los límites de nuestra biología, nuestra ética y nuestro futuro.

Desde las primeras computadoras que ocupaban habitaciones enteras hasta el microchip que revolucionó todos los aspectos de la vida cotidiana; desde la creación de internet, un tejido conectivo que une a la humanidad, hasta el nacimiento de la inteligencia artificial, que plantea preguntas fundamentales sobre lo que significa ser consciente; "Del Fuego al Chip" examina no solo cómo la tecnología nos ha llevado a la cúspide de la capacidad humana, sino también hacia dónde nos podría llevar.

En este viaje, encontraremos historias de triunfo y tragedia, de visión y miopía. Veremos cómo la misma tecnología que nos ofrece la promesa de un futuro utópico también plantea desafíos éticos y existenciales que debemos abordar con cuidado y consideración. Al final, este libro busca no solo informar sino también inspirar una reflexión profunda sobre nuestra relación colectiva con la tecnología: cómo nos ha formado, cómo nos está moldeando y cómo, en última instancia, podría definir nuestro destino.

Bienvenidos a la odisea de la información, un relato de cómo la humanidad, en su búsqueda incesante por alcanzar las estrellas, ha comenzado a transformarse en algo más allá de lo humano, rozando los dominios reservados para los dioses.

Frases y Secciones del Libro:

  - Frase destacada: "Cada herramienta fue un paso hacia nuestra propia reinvención."

  - Frase destacada: "El microchip, más que cualquier rey o líder, ha moldeado el mundo moderno."

  - Frase destacada: "Internet borró las fronteras más rápido de lo que la humanidad pudo dibujarlas."

  - Frase destacada: "En la búsqueda de crear vida, nos encontramos explorando la esencia de nuestra propia inteligencia."

Prólogo:

En el Umbral de lo Inimaginable: El Amanecer de la Era Tecnológica

En la vasta epopeya de la historia humana, hay momentos que definen y redefinen el curso de nuestra existencia. Estos momentos son puntos de inflexión, donde el flujo del tiempo parece doblarse sobre sí mismo, marcando el final de una era y el comienzo de otra. Uno de estos momentos cruciales está ocurriendo ahora, bajo nuestra vigilancia, en la era tecnológica. Este libro es un intento de narrar ese momento, de explorar cómo hemos llegado hasta aquí y, más importante aún, hacia dónde nos dirigimos.

Desde las primeras herramientas de piedra hasta el último chip de silicio, la tecnología ha sido tanto una extensión de nosotros mismos como una fuerza que nos transforma. Cada invención, cada descubrimiento, cada salto hacia adelante ha sido un espejo reflejando nuestra incesante búsqueda de trascendencia, nuestra lucha por superar las limitaciones de nuestra carne y sangre.

"Del Fuego al Chip" no es solo la historia de la informática y la tecnología; es la historia de la humanidad misma. Es una crónica de cómo nuestras creaciones nos han moldeado, de cómo, al buscar dominar el mundo que nos rodea, hemos comenzado a redefinir nuestra propia esencia. A través de la lente de la tecnología, vemos reflejadas nuestras mejores esperanzas y nuestros miedos más oscuros, nuestra capacidad para innovar y nuestra propensión a la destrucción.

A medida que avanzamos en este viaje, desde los albores de la civilización hasta el borde mismo de la singularidad tecnológica, nos enfrentamos a preguntas fundamentales sobre lo que significa ser humano. La tecnología, en sus múltiples formas, ha desafiado nuestras nociones tradicionales de identidad, comunidad y existencia. Nos ha conectado de maneras que nuestros antepasados no podrían haber imaginado, al tiempo que ha expuesto divisiones profundas y desigualdades que amenazan con separarnos. Nos ha dado el poder de moldear nuestro mundo, pero también ha planteado dilemas éticos y morales que debemos navegar con cuidado.

En este momento crítico, estamos al borde de lo inimaginable. La inteligencia artificial, la biotecnología, la nanotecnología y otras fronteras emergentes de la innovación prometen redefinir la vida misma. Pero con un gran poder viene una gran responsabilidad. La pregunta que enfrentamos ahora es no solo qué podemos hacer con esta tecnología, sino qué debemos hacer.

Este libro es una invitación a reflexionar sobre nuestro viaje tecnológico: dónde hemos estado, dónde estamos ahora y, lo más importante, hacia dónde queremos ir. Al contar esta historia, espero no solo iluminar el camino que hemos recorrido, sino también inspirar un diálogo sobre cómo podemos forjar un futuro que refleje lo mejor de lo que somos y todo lo que aspiramos a ser.

Bienvenidos al umbral de lo inimaginable. Bienvenidos al amanecer de la era tecnológica.

Agradecimientos:

Este libro es el resultado de un viaje personal a través de la intersección de la humanidad y la tecnología, inspirado profundamente por las perspectivas iluminadoras de Yuval Noah Harari en 'De animales a dioses'. Su exploración de la historia y el futuro de la humanidad ha sido una brújula invaluable en la concepción de esta obra. También agradezco la asistencia de ChatGPT de OpenAI, cuya capacidad para generar texto ha facilitado la exploración de ideas y la articulación de pensamientos que forman la base de este libro. Sin embargo, cualquier interpretación o conclusión presentada es de mi exclusiva responsabilidad, y he procurado asegurar que este texto refleje mi visión original sobre el tema.

El Capítulo 1

Raíces de Piedra y Silicio

I. El Amanecer de la Tecnología:

En el vasto lienzo de la prehistoria humana, un momento trascendental ilumina el crepúsculo de nuestra evolución: la creación de la primera herramienta. Este acto no solo marcó el inicio de lo que eventualmente se convertiría en una ola imparable de innovación tecnológica, sino que también simbolizó el despertar de una nueva conciencia, el nacimiento de un pensamiento que trascendía los límites de la supervivencia instintiva.

La fabricación de herramientas de piedra, hace más de 2.5 millones de años, fue nuestra primera firma en el mundo, un testimonio tangible de que los humanos habían comenzado a interactuar con su entorno de maneras profundamente innovadoras. Estas herramientas no eran meramente objetos; eran extensiones de la mente humana, cada arista tallada una declaración de intención y comprensión. La capacidad de tomar una roca y ver en ella una herramienta requería una abstracción cognitiva que distingue a la humanidad: la capacidad de imaginar, de prever un futuro en el que esa herramienta cambiaría la interacción con el mundo.

Este acto de creación fue, en muchos sentidos, nuestra primera alquimia, transformando materia bruta en artefactos de propósito y potencial. Más allá de su utilidad inmediata en la caza, el procesamiento de alimentos y la defensa, las herramientas de piedra inauguraron una era de experimentación y aprendizaje. Cada generación de homínidos, desde los primeros *Australopithecus* hasta los modernos *Homo sapiens*, no solo heredó estas herramientas sino que también el conocimiento incrustado en su fabricación. Este legado de innovación es el verdadero fundamento de la tecnología: una acumulación de conocimientos y habilidades pasados de generación en generación, refinados y reimaginados continuamente.

La evolución de las herramientas de piedra refleja un viaje paralelo de desarrollo cognitivo y social. La aparición de herramientas más sofisticadas, como las puntas de lanza y las hojas talladas con precisión, señala no solo avances técnicos sino también una mayor cooperación y especialización dentro de las comunidades humanas. La tecnología, incluso en su forma más primitiva, comenzó a moldear la estructura social, creando roles y relaciones basados en la habilidad y el conocimiento técnico. el fuego

Esta era de innovación primitiva sentó las bases para el siguiente gran salto en la tecnología humana: el dominio del fuego. El fuego no solo proporcionó calor y protección contra los depredadores, sino que también transformó la dieta humana y la socialización. Las noches alrededor del fuego se convirtieron en el escenario para la transmisión de historias, conocimientos y tradiciones, fortaleciendo los lazos comunitarios y fomentando una cultura rica en mitos y memoria.

La habilidad para controlar el fuego marcó el comienzo de la química práctica, permitiendo a nuestros antepasados experimentar con la transformación de materiales. La cocción de alimentos, la cerámica, la metalurgia y eventualmente la alquimia son todas descendientes de esa primera llama controlada. Aquí, en el dominio del fuego, vemos el nacimiento de la ingeniería y la química, disciplinas que continuarían evolucionando a lo largo de milenios.

El amanecer de la tecnología fue, por lo tanto, más que una serie de invenciones aisladas. Fue un despertar colectivo a las posibilidades inherentes a nuestra interacción con el mundo. Cada herramienta, cada descubrimiento, cada innovación fue un paso hacia nuestra propia reinvención. En estas primeras creaciones, vemos los cimientos no solo de la civilización futura sino también de la identidad humana. La tecnología es, en este sentido, un espejo de la evolución humana, reflejando nuestro crecimiento desde seres guiados por la necesidad y el instinto hasta arquitectos de nuestro entorno y destino.

Este legado de innovación nos recuerda que la tecnología no es simplemente un conjunto de herramientas o procesos, sino una manifestación de la curiosidad humana, un testimonio de nuestra incesante búsqueda de mejorar, entender y trascender. Desde las primeras herramientas de piedra hasta los complejos circuitos de silicio de hoy, nuestra jornada tecnológica es una crónica de cómo hemos llegado a ser, no solo como individuos o sociedades, sino como una especie que constantemente se reinventa a sí misma a través de las herramientas que crea.

Al reflexionar sobre el amanecer de la tecnología, nos enfrentamos a una pregunta fundamental: ¿Qué significa ser humano en un mundo donde cada herramienta, cada invención, nos lleva un paso más allá de nuestras raíces más primitivas? La respuesta yace, quizás, en la comprensión de que nuestra relación con la tecnología es, en esencia, una extensión de nuestra relación con nosotros mismos y con el universo: una danza constante de creación, descubrimiento y transformación.

II. De Piedra a Papel

La odisea de la humanidad, desde tallar herramientas de piedra hasta la invención del papel, es una narrativa de transformación sin precedentes. Este viaje no sólo refleja una evolución en los materiales que empleamos, sino también un salto fundamental en nuestra capacidad de comunicar, preservar y expandir el conocimiento. La transición de piedra a papel simboliza una revolución en la transmisión de la información, que eventualmente catalizaría el desarrollo de civilizaciones complejas, ciencia avanzada, y tecnologías sofisticadas.

La Era del Bronce y el Hierro: Forjando Nuevos Caminos

Con el advenimiento de la metalurgia, en la Edad del Bronce y posteriormente en la Edad del Hierro, la humanidad dio un salto cualitativo en su desarrollo tecnológico. La habilidad para moldear metales no sólo mejoró nuestras herramientas y armas, sino que también introdujo nuevas formas de arte, escritura, y comercio. La creación de inscripciones en metal y piedra marcó el inicio de nuestra capacidad para dejar mensajes permanentes para las generaciones futuras, un legado inmutable de nuestros pensamientos, leyes, e historia.

El Papiro y la Tinta: Las Primeras Páginas de la Historia

Sin embargo, fue la invención del papiro en el antiguo Egipto, alrededor del 3000 a.C., lo que ofreció a la humanidad su primer medio verdaderamente portátil y accesible para la escritura. El papiro, hecho de la planta de papiro que crecía abundantemente a lo largo del delta del Nilo, era ligero, relativamente duradero, y revolucionario. Por primera vez, la información podía ser fácilmente registrada, transportada y compartida a través de grandes distancias. Este avance fue complementado por el desarrollo de tintas a base de carbón vegetal, hollín y otros pigmentos, permitiendo una escritura más fluida y legible que las inscripciones en piedra o metal.

El Pergamino: Preservando el Conocimiento

Aunque el papiro fue un avance significativo, el pergamino, hecho de pieles de animales tratadas, se convirtió en el medio preferido en muchas regiones debido a su mayor durabilidad y flexibilidad. Utilizado por griegos y romanos, y más tarde por las culturas islámicas y cristianas medievales, el pergamino permitió la creación de libros más robustos y bibliotecas que preservaron el conocimiento a través de los siglos. La fabricación de pergamino, sin embargo, era laboriosa y costosa, lo que limitaba la producción de libros y el acceso al conocimiento.

El Papel: Democratizando el Conocimiento

La invención del papel por Cai Lun en China, alrededor del año 105 d.C., marcó otra revolución en la historia de la tecnología de la información. Fabricado a partir de trapos, cortezas, y redes de pesca viejas, el papel era más barato y fácil de producir que el papiro o el pergamino, lo que eventualmente permitiría una difusión más amplia del conocimiento. Aunque el papel tardó siglos en llegar a Occidente, su adopción facilitó un incremento en la producción de textos y una disminución en su costo, haciendo el conocimiento más accesible para un segmento más amplio de la población.

La Imprenta: Una Nueva Era de Iluminación

La invención de la imprenta por Johannes Gutenberg en el siglo XV combinó perfectamente con la disponibilidad de papel para transformar radicalmente la sociedad. La capacidad de producir libros y documentos en masa significó que el conocimiento, la literatura, y la ciencia podían ser diseminados como nunca antes. La imprenta no sólo facilitó la Reforma y el Renacimiento, sino que también sentó las bases para la era moderna de la información, en la que el conocimiento y las ideas podían cruzar fronteras e influir en sociedades enteras a una escala sin precedentes.

Conclusión: Un Legado de Tinta y Papel

De piedra a papel, la evolución de los medios de comunicación ha sido intrínsecamente una historia de la humanidad buscando entender el mundo y compartir ese entendimiento. Cada salto en la tecnología de la información, desde las inscripciones en piedra hasta el papel y más allá, ha expandido nuestra capacidad para acumular conocimiento, conectar entre nosotros, y avanzar como especie. Este capítulo de nuestra historia no solo refleja un cambio en los materiales y métodos que utilizamos para comunicarnos, sino también un profundo cambio en cómo concebimos el conocimiento, la cultura, y nuestra propia identidad colectiva. La transición de piedra a papel no es solo una evolución tecnológica; es un testimonio de nuestra incesante búsqueda por trascender nuestras limitaciones y dejar una huella perdurable en el tejido del tiempo.

III. Matemáticas y Mecanismos:

La historia de la humanidad y la tecnología es, en gran medida, una historia sobre la relación entre las matemáticas y los mecanismos. Desde los primeros días de nuestra existencia, la capacidad para entender y manipular el mundo físico ha estado íntimamente ligada a nuestra comprensión de los principios matemáticos. Esta sección del capítulo explora cómo, a través de la combinación de matemáticas y mecanismos, la humanidad ha logrado no solo comprender mejor el universo, sino también transformar de manera profunda nuestra interacción con él.

La Fundación de las Matemáticas:

Las matemáticas, como lenguaje universal de la naturaleza, han sido la piedra angular sobre la cual se han construido todas las grandes civilizaciones. Desde las antiguas culturas mesopotámicas, egipcias y griegas, la humanidad ha utilizado las matemáticas para medir el tiempo, dividir la tierra, predecir eventos astronómicos y resolver problemas cotidianos. La invención de la escritura numérica y el desarrollo de conceptos como el cero por los babilonios y más tarde por las culturas de la India, fueron cruciales para el avance de las matemáticas. Estas herramientas no solo facilitaron el cálculo y la contabilidad, sino que también abrieron nuevas vías para la abstracción matemática y el pensamiento crítico.

Mecanismos Antiguos: Uniendo Fuerzas con la Naturaleza:

Paralelamente al desarrollo de las matemáticas, la humanidad comenzó a crear mecanismos complejos que aprovechaban los principios físicos para realizar trabajos o resolver problemas específicos. Un ejemplo temprano y revolucionario de esto es el mecanismo de Anticitera, un artefacto griego antiguo que se considera el primer ordenador analógico conocido, utilizado para predecir posiciones astronómicas y eclipses con asombrosa precisión. Este dispositivo, junto con otros inventos como la rueda hidráulica y el reloj de agua (clepsidra), muestra cómo las antiguas civilizaciones aplicaron su comprensión matemática para desarrollar tecnología que transformaría su relación con el entorno.

De la Geometría a la Ingeniería:

La geometría, nacida de la necesidad de medir tierras y construir estructuras complejas, como las pirámides de Egipto y los acueductos romanos, se convirtió en un puente entre las matemáticas puras y la aplicación práctica de la tecnología. Arquímedes, Euclides y otros matemáticos de la antigüedad no solo sentaron las bases teóricas de la geometría, sino que también demostraron su utilidad en la resolución de problemas prácticos, desde la ingeniería hasta la mecánica.

La Revolución de los Relojes Mecánicos:

El desarrollo de relojes mecánicos en la Edad Media es otro ejemplo destacado de la fusión entre las matemáticas y la tecnología. Estos dispositivos no solo marcaban el tiempo con una precisión sin precedentes, sino que también simbolizaban el avance humano hacia la comprensión y la dominación del tiempo mismo. La invención de la escapatoria, que permitía un movimiento regulado de las piezas del reloj, refleja un entendimiento sofisticado de la física y la matemática aplicada, fundamentos que eventualmente llevarían al desarrollo de tecnologías aún más avanzadas.

Hacia el Cálculo y Más Allá:

La invención del cálculo por Isaac Newton y Gottfried Wilhelm Leibniz abrió nuevos horizontes para las matemáticas y la ingeniería. Al proporcionar un marco para comprender el cambio y el movimiento, el cálculo se convirtió en la piedra angular de la física moderna y la ingeniería, permitiendo el desarrollo de tecnologías que van desde la mecánica clásica hasta la exploración espacial.

Conclusión: La Danza de Números y Engranajes:

La interacción entre las matemáticas y los mecanismos ha sido un motor de innovación y descubrimiento a lo largo de la historia de la humanidad. Esta relación simbiótica no solo ha permitido a la humanidad alcanzar logros tecnológicos antes inimaginables, sino que también ha profundizado nuestra comprensión del universo. A medida que avanzamos hacia el futuro, esta danza entre números y engranajes continúa, impulsándonos hacia nuevas fronteras de conocimiento y tecnología. Desde los antiguos ábacos hasta los modernos ordenadores cuánticos, la historia de las matemáticas y la tecnología es una testimonio de nuestra incesante búsqueda por superar nuestros límites, una búsqueda que, en última instancia, nos define como especie.

IV. El Legado de los Alquimistas:

La alquimia, a menudo vista como la precursora de la química moderna, es una disciplina que fusionó la ciencia, la filosofía y la espiritualidad en su búsqueda por transformar lo ordinario en lo extraordinario. Aunque históricamente los alquimistas son recordados por su búsqueda de convertir metales básicos en oro y descubrir el elixir de la vida eterna, su legado va mucho más allá de estos objetivos esotéricos. La alquimia jugó un papel crucial en el desarrollo de la tecnología y la ciencia, sentando las bases para la química moderna y avanzando en nuestra comprensión de los materiales y procesos que forman el mundo físico.

Raíces de la Alquimia:

La alquimia se practicó en varias culturas antiguas, incluidas las egipcia, china, india y griega, cada una con su propio enfoque y objetivos. Los alquimistas trabajaban en la frontera entre lo conocido y lo desconocido, combinando experimentación práctica con teorías filosóficas y espirituales. Estos pioneros estaban entre los primeros en explorar las reacciones químicas, destilación, y sublimación, técnicas que serían fundamentales para el desarrollo futuro de la química y la farmacología.

Experimentación y Descubrimiento:

A través de su trabajo, los alquimistas desarrollaron una amplia gama de instrumentos y técnicas de laboratorio, muchos de los cuales siguen siendo fundamentales en la investigación química contemporánea. Balanzas para medir masas con precisión, alambiques para la destilación, y crisoles resistentes al calor para fundir metales, todos tienen sus raíces en la alquimia. Estos instrumentos permitieron a los alquimistas realizar experimentos complejos y reproducibles, estableciendo las bases del método científico.

Contribuciones a la Química Moderna:

Aunque la meta de transformar metales en oro nunca se alcanzó, los alquimistas hicieron descubrimientos reales y valiosos en el proceso. Por ejemplo, descubrieron nuevos elementos, como el fósforo, y desarrollaron los ácidos minerales que serían cruciales para la química industrial. La alquimia también contribuyó al desarrollo de medicamentos y técnicas médicas, incluida la extracción de principios activos de plantas y la preparación de compuestos más puros para su uso en tratamientos.

De la Alquimia a la Química:

El paso de la alquimia a la química no fue un momento definido, sino más bien una evolución gradual. Figuras como Robert Boyle y Antoine Lavoisier fueron cruciales en esta transición, aplicando un enfoque más riguroso y empírico al estudio de los materiales y sus reacciones. Boyle, a menudo llamado el padre de la química moderna, rechazó la teoría de los cuatro elementos clásicos en favor de una concepción de elementos químicos basada en la experimentación y la observación. Lavoisier, por su parte, introdujo la ley de conservación de la masa y ayudó a sistematizar la nomenclatura química, alejando definitivamente la química de sus raíces alquímicas hacia una ciencia basada en leyes y principios universales.

El Legado Permanente de los Alquimistas:

Más allá de sus contribuciones materiales a la ciencia y la tecnología, los alquimistas nos dejaron un legado de curiosidad insaciable y la convicción de que, a través del esfuerzo y la experimentación, es posible descubrir los secretos del universo. Este espíritu de exploración y descubrimiento es un recordatorio de que el conocimiento avanza en el límite de lo conocido, en la intersección de la ciencia, la filosofía y la imaginación.

En última instancia, el legado de los alquimistas no se encuentra en los metales transmutados o en elixires de vida eterna que nunca se encontraron, sino en la senda que trazaron hacia el entendimiento sistemático del mundo material. Su trabajo sirvió como un puente entre la magia y la ciencia, entre el misticismo y el empirismo, demostrando que el deseo de transformar el mundo es, en esencia, el corazón de la empresa tecnológica y científica. La alquimia, con todas sus contradicciones y misterios, nos enseña que el camino hacia el conocimiento está pavimentado con igual medida de sueños y descubrimientos, una lección que sigue resonando en la ciencia y la tecnología modernas.

V. Renacimiento Tecnológico:

El Renacimiento, un período de florecimiento cultural y científico que se extendió desde el siglo XIV hasta el XVII, marcó una era de redescubrimiento de los textos clásicos y un nuevo vigor en el estudio de las artes, la filosofía, y las ciencias. Este fue también un tiempo de significativos avances tecnológicos, donde la intersección del conocimiento antiguo y las nuevas ideas catalizó innovaciones que no solo transformaron el panorama europeo, sino que también sentaron las bases para la moderna revolución científica y tecnológica.

La Imprenta: Democratizando el Conocimiento

La invención de la imprenta por Johannes Gutenberg en el siglo XV es, quizás, el hito tecnológico más revolucionario del Renacimiento. Al hacer posible la producción en masa de libros, la imprenta rompió el monopolio del conocimiento mantenido por la Iglesia y los estados, democratizando el acceso a la información y permitiendo una difusión más amplia de las ideas. Este avance no solo facilitó el Renacimiento cultural, sino que también aceleró el avance científico al hacer que los descubrimientos y debates fueran accesibles a un público mucho más amplio.

Exploración y Navegación: Conectando el Mundo

El Renacimiento fue también una era de grandes exploraciones, impulsadas por avances en navegación y cartografía. La brújula, perfeccionada durante este período, junto con el astrolabio y los mapas más precisos, permitió a los navegantes aventurarse más allá de las costas conocidas, descubriendo nuevas tierras y estableciendo rutas comerciales globales. Estos viajes no solo trajeron conocimientos sobre geografía, flora, y fauna desconocidas, sino que también facilitaron el intercambio cultural y científico entre continentes distantes.

Avances en Ingeniería y Arquitectura

El Renacimiento vio un renacer en las ciencias de la ingeniería y la arquitectura, inspirado en gran medida por el redescubrimiento de los textos de arquitectura de Vitruvio y la fascinación por las ruinas clásicas. Figuras como Filippo Brunelleschi y Leonardo da Vinci combinaron arte y ciencia para diseñar estructuras que eran tanto estéticamente impresionantes como técnicamente innovadoras. Brunelleschi, por ejemplo, resolvió el desafío de completar la cúpula de la Catedral de Florencia con técnicas de ingeniería revolucionarias que influirían en la construcción de edificios durante siglos.

Leonardo da Vinci: Un Polímata del Renacimiento

Leonardo da Vinci personifica el espíritu del Renacimiento tecnológico, un artista cuya curiosidad insaciable lo llevó a explorar campos tan diversos como la anatomía, la hidráulica, la aerodinámica y la mecánica. Sus detallados cuadernos revelan diseños para máquinas voladoras, submarinos, tanques y puentes plegables, muchos de los cuales eran conceptualmente sólidos aunque más allá de la capacidad de construcción de su tiempo. Da Vinci no solo avanzó en el conocimiento técnico de su era, sino que también ilustró el potencial de la interdisciplinariedad, fusionando arte, ciencia y tecnología.

Ciencia en el Renacimiento: Fundamentos de la Revolución Científica

El Renacimiento preparó el escenario para la Revolución Científica al fomentar un enfoque empírico y cuestionador del mundo natural. Figuras como Copérnico, Galileo y Kepler desafiaron las nociones prevalecientes del cosmos, utilizando observaciones detalladas y cálculos matemáticos para proponer modelos heliocéntricos del sistema solar. Estos trabajos no solo revolucionaron la astronomía, sino que también promovieron el método científico basado en la observación y la experimentación sobre la especulación filosófica.

Conclusión: Un Puente hacia la Modernidad

El Renacimiento Tecnológico fue un período de transición que marcó el final de la Edad Media y el comienzo de la era moderna. A través de la combinación de innovación tecnológica, redescubrimiento de conocimientos antiguos y un nuevo espíritu de indagación y descubrimiento, el Renacimiento no solo transformó el paisaje europeo sino que también sentó las bases para los siglos de avances científicos y tecnológicos que seguirían. Este período nos recuerda el poder de la curiosidad humana y la búsqueda constante de conocimiento, impulsando el avance y el progreso a través de las edades.

VI. La Revolución Industrial: Un Cambio Paradigmático

La Revolución Industrial, que comenzó en Gran Bretaña a finales del siglo XVIII y se extendió por Europa y América a lo largo del siglo XIX, marcó una transformación sin precedentes en la historia humana. Este periodo no solo redefinió el paisaje de la producción y el trabajo, sino que también alteró fundamentalmente las estructuras sociales, económicas y ambientales de la sociedad. La transición de procesos manuales y artesanales a la manufactura mecanizada inauguró una era de progreso tecnológico, crecimiento económico y cambios sociopolíticos profundos.

Innovaciones Tecnológicas y su Impacto

La revolución comenzó con la mecanización de la industria textil, donde inventos como la Spinning Jenny, el telar de agua y finalmente el telar mecánico de Cartwright, aumentaron exponencialmente la producción de tejidos. Estas innovaciones no solo mejoraron la eficiencia y la productividad, sino que también redujeron los costos de producción, haciendo que los textiles fueran más accesibles para la población general.

Sin embargo, el verdadero catalizador de la Revolución Industrial fue la mejora de la máquina de vapor por James Watt. Su adaptación de un condensador externo incrementó significativamente la eficiencia de las máquinas de vapor existentes, permitiendo su aplicación en una variedad de industrias, desde la minería hasta el transporte. La máquina de vapor impulsó la creación del ferrocarril, revolucionando el transporte de mercancías y personas, y facilitando una red de comercio y comunicación que acercó el mundo de maneras antes inimaginables.

Cambios Sociales y Económicos

La industrialización trajo consigo un cambio dramático en la organización social y laboral. La demanda de mano de obra en las fábricas urbanas provocó una migración masiva del campo a la ciudad, alterando la composición demográfica y el tejido social. Aunque la Revolución Industrial generó riqueza sin precedentes, también exacerbó las desigualdades sociales y económicas. Las condiciones de trabajo en las fábricas eran a menudo deplorables, con jornadas laborales extenuantes en ambientes insalubres, lo que eventualmente llevó al surgimiento de movimientos obreros que exigían mejores condiciones y derechos laborales.

Impacto Ambiental

El crecimiento industrial trajo consigo un aumento significativo en la utilización de recursos naturales y la generación de contaminación. La dependencia del carbón como fuente de energía principal contribuyó a la degradación ambiental y al aumento de la polución del aire, problemas que continuarían escalando en los siglos siguientes. Este periodo marcó el inicio de la relación compleja y a menudo conflictiva entre el progreso industrial y el impacto ambiental, un tema que sigue siendo crítico en las discusiones contemporáneas sobre sostenibilidad y cambio climático.

Innovación Continua y la Segunda Revolución Industrial

A medida que avanzaba el siglo XIX, la Revolución Industrial dio paso a la Segunda Revolución Industrial, caracterizada por avances en la producción de acero, la química, la electricidad y la invención del motor de combustión interna. Estas innovaciones abrieron nuevas vías para el desarrollo tecnológico y la expansión económica, consolidando la transformación de las sociedades agrarias en sociedades industriales y urbanas.

Conclusión: Legado y Lecciones

La Revolución Industrial fue un periodo de dualidades, caracterizado tanto por el asombroso progreso tecnológico y económico como por las profundas divisiones sociales y los desafíos ambientales. Su legado es un recordatorio de que la innovación tecnológica lleva consigo responsabilidades éticas y sociales. Al reflexionar sobre este periodo crucial, podemos extraer lecciones valiosas sobre la gestión del cambio tecnológico, la importancia de la equidad social y la necesidad de armonizar el progreso humano con la conservación del medio ambiente. La Revolución Industrial no solo modeló el mundo moderno, sino que también sentó las bases para los retos y oportunidades que enfrentamos en la era de la información y más allá.

VII. Electricidad y Electrónica: El Catalizador de la Era Moderna

La historia de la electricidad y la electrónica es una narrativa fascinante de descubrimiento, innovación y transformación que ha modelado profundamente la sociedad moderna. Desde los primeros experimentos con electricidad estática hasta el desarrollo de complejos circuitos electrónicos, esta evolución no solo ha impulsado el progreso tecnológico, sino que también ha redefinido nuestra interacción con el mundo y entre nosotros.

El Amanecer de la Electricidad

La curiosidad humana por la electricidad se remonta a la antigüedad, pero no fue hasta el siglo XVII y XVIII cuando científicos como William Gilbert, Benjamin Franklin y Alessandro Volta comenzaron a entender sus principios fundamentales. Gilbert acuñó el término "electricidad", Franklin demostró su naturaleza con su famoso experimento del cometa, y Volta inventó la pila voltaica, proporcionando una fuente constante de energía eléctrica por primera vez. Estos descubrimientos sentaron las bases para un entendimiento más profundo de la electricidad como una fuerza natural que podía ser estudiada, medida y, lo más importante, controlada.

El Desarrollo de la Electrotecnia

El siglo XIX fue testigo de rápidos avances en el campo de la electrotecnia. La invención del telégrafo por Samuel Morse y el desarrollo del teléfono por Alexander Graham Bell revolucionaron las comunicaciones, haciendo posible la transmisión instantánea de información a través de grandes distancias. La invención del generador eléctrico por Michael Faraday y la dinamo por Werner von Siemens facilitaron la generación y distribución de electricidad a gran escala, abriendo el camino para su uso industrial y residencial.

La Iluminación del Mundo

La introducción de la iluminación eléctrica, gracias a figuras como Thomas Edison y Nikola Tesla, cambió radicalmente la vida cotidiana, extendiendo las horas de actividad más allá de la puesta del sol y mejorando la seguridad y la calidad de vida en hogares y ciudades. La rivalidad entre la corriente continua (DC) de Edison y la corriente alterna (AC) de Tesla, conocida como la "Guerra de las Corrientes", culminó en la adopción de la AC como el estándar para la distribución de electricidad, debido a su capacidad para transmitirse sobre largas distancias con menos pérdida de energía.

El Nacimiento de la Electrónica

A principios del siglo XX, el descubrimiento del efecto termoiónico y el desarrollo del diodo y el triodo por John Ambrose Fleming y Lee De Forest, respectivamente, marcaron el nacimiento de la electrónica. Estos componentes permitieron la amplificación de señales, lo que es fundamental para la radio, la televisión y, posteriormente, toda la electrónica moderna. La invención del transistor en 1947 por William Shockley, John Bardeen y Walter Brattain, seguida por el circuito integrado (chip) en los años 60, miniaturizó y revolucionó la electrónica, haciendo posible la era de la computación y la tecnología digital.

La Era Digital y Más Allá

La electrónica ha evolucionado desde simples dispositivos de comunicación y entretenimiento hasta sistemas complejos que forman la columna vertebral de la sociedad moderna. Computadoras, internet, telefonía móvil y satélites son solo algunas de las aplicaciones que han surgido de los avances en este campo, transformando cada aspecto de la vida contemporánea. La continua miniaturización de componentes electrónicos y el desarrollo de nuevas tecnologías, como la nanoelectrónica y la optoelectrónica, prometen llevar nuestras capacidades aún más lejos, abriendo nuevas fronteras en la computación, las comunicaciones y la robótica.

Conclusión: Un Mundo Electrificado

La historia de la electricidad y la electrónica es un testimonio del ingenio humano y su búsqueda incansable por comprender y manipular las fuerzas de la naturaleza. Estos avances no solo han proporcionado herramientas y tecnologías que forman la base de la sociedad moderna, sino que también han planteado nuevos desafíos y responsabilidades. A medida que avanzamos hacia el futuro, la electricidad y la electrónica seguirán siendo fundamentales en la solución de problemas globales, desde el cambio climático hasta la salud y la seguridad, demostrando una vez más su papel como catalizadores del progreso humano.

VIII. Nacimiento de la Computación Moderna: Una Revolución Silenciosa

La historia de la computación moderna es una crónica de la ingeniería humana que transformó radicalmente la sociedad, la economía y la cultura, marcando el inicio de la era digital. Este viaje comenzó en los siglos XIX y XX, cuando matemáticos, científicos e ingenieros dieron los primeros pasos hacia la creación de máquinas que podrían realizar cálculos complejos más allá de las capacidades humanas. Esta sección explora los hitos clave en el desarrollo de la computación moderna, desde los conceptos teóricos hasta la realización práctica de las primeras computadoras.

Los Fundamentos Teóricos

La historia de la computación moderna comienza con Charles Babbage, un matemático inglés del siglo XIX, quien concibió la idea de una máquina de diferencias y más tarde, la máquina analítica. Aunque Babbage nunca completó estas máquinas, su visión de una máquina capaz de realizar cualquier cálculo matemático sentó las bases para la futura computación. Ada Lovelace, colaboradora de Babbage, es reconocida como la primera programadora, al conceptualizar algoritmos para ser ejecutados por la máquina analítica.

La Electrificación de la Computación

El siglo XX presenció el nacimiento de la electrónica, lo que permitió el desarrollo de las primeras computadoras electrónicas. La máquina de tabulación de Herman Hollerith, utilizada para procesar el censo de EE.UU. de 1890, demostró el potencial de la automatización en el procesamiento de grandes cantidades de datos. Esta innovación condujo a la fundación de la empresa que eventualmente se convertiría en IBM.

La Era de las Computadoras Electrónicas

La era de las computadoras electrónicas, marcada profundamente por los desafíos y necesidades de la Segunda Guerra Mundial, representó un punto de inflexión en el desarrollo tecnológico y en la forma en que la humanidad manejaría la información en décadas venideras. Durante este conflicto global, la urgencia de calcular trayectorias balísticas con precisión y de descifrar comunicaciones enemigas codificadas impulsó de manera significativa la innovación en el campo de la computación.

En este contexto, la Colossus, desarrollada por un equipo de investigadores británicos liderados por Tommy Flowers, se convirtió en una de las primeras computadoras electrónicas del mundo. Diseñada específicamente para descifrar los complejos códigos de la máquina Enigma utilizada por los alemanes, la Colossus marcó un antes y un después en la criptografía y en el procesamiento de datos. Aunque su existencia se mantuvo en secreto durante décadas después de la guerra, su legado como precursora de la computación moderna es incuestionable.

Por otro lado, en Estados Unidos, la Electronic Numerical Integrator and Computer (ENIAC) fue diseñada por John Mauchly y J. Presper Eckert. Concluida en 1945, la ENIAC se caracterizó por ser la primera computadora electrónica de propósito general. A diferencia de la Colossus, que estaba dedicada exclusivamente a tareas de criptoanálisis, la ENIAC tenía la capacidad de ser programada para resolver una amplia gama de problemas computacionales. Este sistema monumental, compuesto por miles de tubos de vacío, resistencias y capacitores, representó un avance significativo en el campo, aunque su tamaño y consumo de energía presentaban desafíos considerables.

Ambas máquinas, aunque funcionaban con tecnología de tubos de vacío que las hacían enormes y enormemente consumidoras de energía, sentaron las bases para el desarrollo futuro de la computación. Los principios de diseño, los desafíos técnicos superados y las aplicaciones prácticas de la Colossus y la ENIAC proporcionaron valiosas lecciones que informarían el diseño de computadoras más eficientes, compactas y potentes en el futuro.

El legado de esta era no se limita solo a los avances tecnológicos, sino también a la conceptualización de la informática como una disciplina científica y a la aceleración del pensamiento en torno a la automatización y el procesamiento de datos. Este período histórico demostró de manera concluyente el potencial de la electrónica para transformar radicalmente los métodos de cálculo y análisis de información, allanando el camino para el progreso de la tecnología digital que se desarrollaría en las décadas siguientes.

Transistores y Circuitos Integrados

El invento del transistor en 1947 por parte de Bardeen, Brattain y Shockley fue un avance crucial que permitió a las computadoras volverse más pequeñas, rápidas y eficientes. La invención del circuito integrado (chip) en la década de 1960 por Jack Kilby y Robert Noyce redujo aún más el tamaño de las computadoras y aumentó su fiabilidad, abriendo el camino para la producción en masa de dispositivos electrónicos.

La Era de la Microinformática

La introducción del microprocesador en la década de 1970 marcó el comienzo de la era de la microinformática, permitiendo la creación de la computadora personal (PC). Innovaciones como el Apple II, el IBM PC y el Microsoft Windows democratizaron el acceso a la computación, transformando la manera en que las personas trabajan, aprenden y se entretienen.

Internet y la Revolución Digital

La creación de ARPANET, precursor de Internet, por parte de la Agencia de Proyectos de Investigación Avanzada de Defensa de EE.UU. (DARPA), marcó el inicio de la interconexión global de computadoras, facilitando la comunicación y el acceso a la información a una escala sin precedentes. La introducción del World Wide Web por Tim Berners-Lee en 1991 transformó Internet en una plataforma accesible para el intercambio de información, dando lugar a la era de la información en la que vivimos hoy.

Conclusión: Mirando hacia el Futuro

El nacimiento de la computación moderna es una historia de innovación continua que ha remodelado cada aspecto de la vida humana. Desde los primeros conceptos teóricos hasta las sofisticadas computadoras y redes globales de hoy, la computación ha evolucionado para convertirse en el corazón de la sociedad moderna. A medida que avanzamos, la inteligencia artificial, la computación cuántica y otras tecnologías emergentes prometen llevar la computación a nuevos horizontes, desafiando nuestra comprensión de lo que es posible y continuando la revolución silenciosa iniciada por los pioneros de la computación.

IX. Silicio: El Elemento Cambiante

En el corazón de la revolución tecnológica que define la era moderna yace un elemento simple pero extraordinario: el silicio. Este elemento químico, el segundo más abundante en la corteza terrestre, ha sido el catalizador de una transformación sin precedentes en la industria electrónica y la computación, dando origen a la "Era del Silicio". Este capítulo explora cómo el silicio pasó de ser un componente común de la arena a convertirse en el material fundamental de la tecnología moderna, impulsando innovaciones que han remodelado todos los aspectos de la vida humana.

De la Arena a los Circuitos

La historia del silicio en la tecnología comienza con su capacidad única para actuar como un semiconductor, un material que puede controlar el flujo de electricidad. A mediados del siglo XX, los científicos descubrieron cómo "dotar" el silicio con impurezas para mejorar su conductividad, un proceso conocido como dopaje. Esta capacidad para manipular sus propiedades eléctricas lo convirtió en el material ideal para los transistores, los interruptores electrónicos que son los bloques de construcción de todos los dispositivos electrónicos.

El Nacimiento del Chip de Silicio

La invención del transistor en 1947 marcó el inicio de la era de la electrónica moderna, pero fue la introducción del circuito integrado (chip) de silicio en la década de 1960 lo que realmente revolucionó la industria. Los circuitos integrados permitieron a los ingenieros colocar miles, y eventualmente millones, de transistores en un pequeño chip de silicio, facilitando la creación de computadoras más pequeñas, rápidas y económicas. Esta miniaturización fue esencial para el desarrollo de la computadora personal, los dispositivos móviles y la vasta gama de tecnología que permea la sociedad actual.

El Valle del Silicio y la Revolución Digital

El papel central del silicio en la tecnología dio nombre al epicentro de la innovación en electrónica y computación: el Valle del Silicio en California. Este centro tecnológico global se convirtió en el lugar de nacimiento de muchas de las empresas más influyentes en tecnología, desde fabricantes de semiconductores hasta gigantes de la informática y la internet. La concentración de talento, capital y espíritu emprendedor en el Valle del Silicio ha sido fundamental en el avance de la era de la información.

Impacto Global del Silicio

El impacto del silicio en la economía global y en la vida cotidiana es difícil de exagerar. Ha impulsado el crecimiento de industrias enteras, desde la informática y las telecomunicaciones hasta la energía renovable, donde las células solares de silicio juegan un papel clave en la transición hacia fuentes de energía más limpias. Además, la omnipresencia de dispositivos electrónicos ha transformado la forma en que trabajamos, aprendemos, nos comunicamos y nos entretenemos, redefiniendo las relaciones sociales y el acceso a la información.

Desafíos y el Futuro del Silicio

A pesar de su papel transformador, la dependencia de la industria tecnológica del silicio enfrenta desafíos. Las limitaciones físicas de la miniaturización de los chips de silicio, conocidas como el fin de la Ley de Moore, han llevado a los investigadores a buscar alternativas y avances como la computación cuántica, los materiales bidimensionales como el grafeno y las tecnologías de semiconductores compuestos.

Estos desarrollos prometen superar los límites del silicio y abrir nuevas fronteras en la capacidad de procesamiento, eficiencia energética y aplicaciones tecnológicas.

Conclusión: El Legado del Silicio

El silicio ha sido, indudablemente, el elemento cambió el curso de la historia humana en el siglo XX y principios del XXI, impulsando la era de la información y facilitando avances que hace unas décadas parecían imposibles. A medida que nos adentramos en nuevas eras de innovación, el legado del silicio como el fundamento del avance tecnológico permanece indeleble, un testimonio de cómo un elemento simple puede ser el catalizador de un cambio global. La historia del silicio es una narrativa de descubrimiento, invención y transformación, un capítulo crucial en la crónica de la humanidad y su incansable búsqueda de progreso.

X. Conclusión: Hacia la Era Digital

La travesía desde las primeras herramientas de piedra hasta el desarrollo de complejos circuitos de silicio y la omnipresencia de la computación digital es un relato fascinante de ingenio humano, curiosidad insaciable y la búsqueda incansable de conocimiento. Este viaje, que abarca milenios, no solo ha transformado la manera en que interactuamos con el mundo y entre nosotros, sino que también ha redefinido nuestra comprensión de la realidad, nuestra sociedad y nosotros mismos. La conclusión de este capítulo busca reflexionar sobre el impacto de esta evolución tecnológica y contemplar el futuro hacia el cual nos dirigimos en la era digital.

La Revolución que Cambió el Mundo

La revolución tecnológica, especialmente en el último siglo, ha sido sin precedentes en su velocidad y alcance. El paso de la mecanización y la electrificación a la digitalización ha alterado cada aspecto de la vida humana. Las tecnologías digitales han democratizado el acceso a la información, han revolucionado las comunicaciones, han transformado las economías y han creado nuevas formas de expresión cultural y social. Hemos sido testigos de cómo la era digital ha trascendido las barreras físicas, permitiendo una conectividad global instantánea y dando origen a una economía basada en el conocimiento que valora la información por encima del capital físico.

Desafíos de la Era Digital

Sin embargo, la transición hacia la era digital no está exenta de desafíos. La brecha digital, la privacidad de los datos, la seguridad cibernética, el impacto ambiental de la tecnología y las implicaciones éticas de la inteligencia artificial son solo algunos de los problemas que enfrentamos. La dependencia de la sociedad en la tecnología digital también plantea preguntas sobre la sostenibilidad, la equidad y el control de la infraestructura tecnológica crítica. A medida que avanzamos, es esencial abordar estos desafíos de manera proactiva, asegurando que los beneficios de la era digital sean accesibles para todos y que las tecnologías se desarrollen y utilicen de manera responsable.

El Futuro de la Tecnología y la Sociedad

Mirando hacia el futuro, es evidente que la innovación tecnológica continuará a un ritmo sin precedentes. La computación cuántica, la inteligencia artificial avanzada, la biotecnología y otras tecnologías emergentes tienen el potencial de transformar aún más la sociedad, la economía y nuestro entorno. Estas tecnologías prometen soluciones a algunos de los desafíos más apremiantes de la humanidad, desde el cambio climático y las enfermedades hasta la escasez de recursos y la educación. Sin embargo, también requieren que reflexionemos profundamente sobre el tipo de futuro que queremos crear.

Construyendo un Futuro Sostenible e Inclusivo

La era digital nos brinda una oportunidad sin precedentes para re imaginar y reconstruir la sociedad de maneras que promuevan la sostenibilidad, la inclusión y el bienestar humano. Para aprovechar al máximo esta oportunidad, debemos fomentar la colaboración entre gobiernos, industrias, academia y comunidades. La educación y la capacitación en habilidades digitales, la ética en el diseño tecnológico, la gobernanza y regulación de las tecnologías emergentes, y el compromiso con la sostenibilidad ambiental son fundamentales para construir un futuro en el que la tecnología sirva a las necesidades de la humanidad y del planeta.

Reflexión Final

La era digital es un testimonio del ingenio humano y de nuestra capacidad para innovar y superar límites. A medida que cerramos este capítulo sobre el desarrollo tecnológico y miramos hacia el futuro, es crucial recordar que la tecnología en sí misma no determina nuestro destino; somos nosotros, como sociedad, quienes decidimos cómo se utiliza y hacia qué fines. En nuestras manos está la responsabilidad de guiar la era digital hacia un futuro que refleje nuestros valores más elevados, promueva la equidad y la justicia, y preserve nuestro mundo para las generaciones futuras. La historia de la tecnología es, en última instancia, la historia de la humanidad: una narrativa continua de nuestra evolución, desafíos y esperanzas en la búsqueda de un mundo mejor.

Capítulo 2

Circuitos de Cambio: La Revolución de la Microelectrónica

I. El Origen del Microchip

- Introducción a los orígenes del microchip y la transición de los voluminosos y energivoro sistemas de tubos de vacío a los transistores y luego a los circuitos integrados.
- Historias de los pioneros como Jack Kilby y Robert Noyce, quienes desempeñaron roles fundamentales en la invención del microchip.

En el mosaico de la historia humana, ciertos inventos se destacan como puntos de inflexión, catalizadores de cambio que redirigen el curso del progreso humano. Uno de estos es el microchip, una invención que, más que cualquier rey, líder o movimiento social, ha moldeado el mundo moderno. Esta historia comienza en la posguerra del siglo XX, una era marcada tanto por la reconstrucción como por la innovación, donde la necesidad y la imaginación se encontraron en el crisol de la ciencia y la tecnología.

La Transición de la Electrónica de Tubos de Vacío a los Transistores

Antes de la llegada del microchip, el mundo de la electrónica estaba dominado por los tubos de vacío. Estos dispositivos, grandes y frágiles, eran el corazón latente de las primeras computadoras, radios y televisores. Sin embargo, eran ineficientes, consumían una gran cantidad de energía y generaban mucho calor. La búsqueda de una alternativa llevó a la invención del transistor en 1947 por William Shockley, John Bardeen y Walter Brattain en los Bell Labs. Este pequeño dispositivo semiconductor revolucionó la electrónica al hacer posible equipos más compactos, eficientes y duraderos. El transistor abrió el camino para la miniaturización de circuitos electrónicos, sentando las bases para el microchip.

Jack Kilby, Robert Noyce y la Convergencia hacia el Circuito Integrado

La historia del microchip no puede contarse sin mencionar a Jack Kilby y Robert Noyce, dos ingenieros cuyos trabajos paralelos e independientes culminaron en la invención del circuito integrado (CI), el precursor directo del microchip moderno. En el verano de 1958, Kilby, trabajando en Texas Instruments, demostró el primer circuito integrado funcional, que combinaba varios componentes electrónicos en un solo substrato de germanio. Pocos meses después, Noyce, en Fairchild Semiconductor, desarrolló un proceso para crear circuitos integrados en obleas de silicio, una técnica que probó ser más práctica y escalable que el enfoque de Kilby. Aunque Kilby y Noyce siguieron rutas distintas, sus innovaciones convergieron para dar a luz al microchip, un dispositivo que integraría miles, y eventualmente millones, de transistores en un espacio diminuto.

El Silicio como Material Ideal

El silicio emergió como el material preferido para los microchips debido a sus propiedades semiconductoras superiores y su abundancia en la corteza terrestre. La capacidad de crear una capa de óxido sobre el silicio para proteger y aislar los componentes del circuito, junto con la facilidad de dopaje para controlar su conductividad, estableció al silicio como el estándar para la fabricación de microchips. Esta elección de material fue crucial para el éxito y la proliferación de la tecnología del microchip.

La Evolución del Microchip y su Impacto Inmediato

La década de 1960 vio rápidas mejoras en la tecnología de fabricación de microchips, permitiendo una mayor complejidad y funcionalidad en circuitos más pequeños y eficientes. Estos avances llevaron a la reducción de costos y al aumento de la accesibilidad, lo que a su vez impulsó su adopción en una gama cada vez mayor de aplicaciones, desde la computación y las telecomunicaciones hasta la electrónica de consumo y la exploración espacial. La llegada del microchip facilitó el desarrollo de la computadora personal, la digitalización de las comunicaciones y el nacimiento de la era de la información.

Reflexiones sobre el Legado del Microchip

El microchip, en su esencia, es más que un mero objeto de silicio incrustado con circuitos; es el símbolo de la era digital. Su invención no solo es un testimonio del ingenio humano y de la capacidad de innovación, sino que también plantea preguntas fundamentales sobre cómo la tecnología redefine la sociedad, la economía y la cultura. La historia del microchip es un relato de desafío y triunfo, una narrativa de cómo una pieza diminuta de tecnología puede tener un impacto gigantesco en el mundo.

Mirando hacia atrás desde la perspectiva actual, es evidente que el microchip ha sido un agente de cambio sin precedentes. Ha democratizado el acceso a la información, ha transformado la economía global y ha alterado la forma en que interactuamos con el mundo y entre nosotros. A medida que avanzamos, continúa la evolución del microchip, empujando los límites de lo que es posible en la ciencia, la tecnología y la vida cotidiana.

La invención del microchip es un recordatorio de que las grandes revoluciones a menudo comienzan con pequeños pasos; un pequeño chip de silicio ha logrado lo que imperios y líderes solo podrían soñar: remodelar el mundo. En la gran narrativa de la humanidad, el microchip se destaca no solo como una maravilla de la ingeniería, sino como un hito en nuestra continua búsqueda de conocimiento y progreso.

II. La Revolución de la Microelectrónica

- Exploración de cómo el microchip permitió avances sin precedentes en computación, comunicaciones y electrónica de consumo.
- El impacto del microchip en la creación de computadoras personales, teléfonos móviles, y la Internet, transformando la forma en que vivimos, trabajamos y nos relacionamos.

La invención del microchip no solo marcó el nacimiento de una nueva era tecnológica, sino que también catalizó una revolución en prácticamente todos los aspectos de la vida moderna. Este capítulo explora cómo el microchip, un invento aparentemente modesto en tamaño, ha permitido avances sin precedentes en computación, comunicaciones y electrónica de consumo, reconfigurando las sociedades y alterando de manera fundamental la interacción humana.

El Microchip y la Computación

La llegada del microchip transformó la computación de ser una tecnología exclusiva de grandes corporaciones y gobiernos a una herramienta accesible y ubicua. La miniaturización de componentes electrónicos que permitió el microchip llevó a la creación de la primera computadora personal (PC) en la década de 1970. Este cambio democratizó el acceso a la información y el procesamiento de datos, permitiendo a individuos y pequeñas empresas aprovechar el poder de la computación para una variedad de aplicaciones, desde la gestión empresarial hasta el entretenimiento personal.

En el ámbito de la electrónica de consumo, el microchip ha hecho posible una gama de dispositivos que han enriquecido y, en muchos casos, facilitado la vida cotidiana. Desde calculadoras de bolsillo y reproductores de música portátiles hasta cámaras digitales y consolas de videojuegos, el microchip ha permitido una diversidad y una portabilidad que han transformado el entretenimiento, la educación y la vida personal. La capacidad de integrar funciones múltiples en un solo dispositivo, como en el caso de los smartphones, ha cambiado no solo nuestras expectativas de lo que la tecnología puede hacer por nosotros, sino también cómo interactuamos con ella en nuestra vida diaria.

Impacto Social y Económico

El desarrollo de microprocesadores más potentes y eficientes continuó a un ritmo vertiginoso, impulsado por la Ley de Moore, que predecía una duplicación de la cantidad de transistores en un microchip aproximadamente cada dos años. Esta tendencia ha continuado hasta el día de hoy, con microchips que contienen miles de millones de transistores, permitiendo una capacidad de procesamiento que era inimaginable en las primeras etapas de la computación.

Revolución en las Comunicaciones

El microchip también ha sido el motor detrás de una revolución en las comunicaciones. La telefonía móvil, desde sus inicios en la década de 1980 hasta la actualidad, ha evolucionado de ser un lujo para pocos a una necesidad omnipresente gracias a los avances en la microelectrónica. Los smartphones, que son esencialmente computadoras de bolsillo, han cambiado la forma en que interactuamos con el mundo y entre nosotros, facilitando no solo la comunicación en tiempo real a través de voz y texto, sino también el acceso instantáneo a información, entretenimiento y servicios en línea.

La expansión de Internet, otra faceta de la revolución de la microelectrónica, ha conectado el mundo de maneras que eran difíciles de imaginar hace apenas unas décadas. El microchip ha permitido el desarrollo de infraestructuras de red avanzadas, servidores potentes y dispositivos de consumo capaces de navegar por un vasto océano de datos digitales. La Web, el correo electrónico, las redes sociales y el comercio electrónico son solo algunos ejemplos de cómo las tecnologías basadas en microchips han creado un mundo interconectado, transformando las economías globales y las sociedades.

Electrónica de Consumo y la Vida Cotidiana

La revolución de la microelectrónica ha tenido un profundo impacto social y económico. Ha sido un motor de crecimiento económico, fomentando la creación de nuevas industrias y transformando las existentes. La economía del conocimiento, impulsada por la información y la tecnología, ha alterado las dinámicas laborales, creando nuevas oportunidades de empleo al tiempo que desplaza a otras. La habilidad para acceder y analizar grandes volúmenes de datos ha revolucionado sectores desde la salud hasta la educación, pasando por la gestión de recursos y el gobierno.

Desafíos y Oportunidades

Sin embargo, la revolución de la microelectrónica también plantea desafíos significativos. La brecha digital, la privacidad y la seguridad de los datos, el impacto ambiental de la producción y desecho de dispositivos electrónicos son preocupaciones crecientes. A medida que avanzamos, será crucial abordar estos problemas, asegurando que los beneficios de la tecnología sean accesibles para todos y que se minimicen sus impactos negativos.

Conclusión

El microchip, más que cualquier rey o líder, ha moldeado el mundo moderno, facilitando avances que han redefinido la estructura de nuestras sociedades y la naturaleza de nuestras interacciones personales. A medida que miramos hacia el futuro, es evidente que la revolución de la microelectrónica continuará, con nuevas innovaciones que prometen llevarnos hacia horizontes aún no explorados. La historia del microchip es una narrativa de progreso continuo, un recordatorio de cómo la curiosidad, la creatividad y la búsqueda de soluciones a problemas complejos pueden transformar el mundo.

III. Cambios Socioeconómicos

- Análisis del efecto del microchip en la economía global, incluyendo la creación de nuevas industrias, la transformación de la fuerza laboral y el nacimiento de la economía de la información.
- Cómo el microchip ha influido en la distribución del poder y la riqueza a nivel mundial, catalizando cambios en la estructura social y política.

El Microchip como Catalizador de Nuevas Industrias

La introducción del microchip desencadenó la creación de innumerables industrias y subsectores, desde la fabricación de semiconductores hasta el desarrollo de software, pasando por la seguridad cibernética y la inteligencia artificial. Este fenómeno no tiene precedentes en la historia humana, donde un solo avance tecnológico ha dado origen a una economía multifacética y globalizada. La industria de la tecnología de la información, en particular, ha crecido exponencialmente, convirtiéndose en una de las principales contribuyentes al PIB mundial.

Las compañías que lideraron esta revolución —Apple, Microsoft, Intel, y más recientemente, Google y Facebook— no solo han amasado fortunas colosales, sino que también han adquirido un poder e influencia que rivaliza con el de muchos estados-nación. Estas empresas controlan una cantidad significativa de la información mundial y, con ella, tienen la capacidad de influir en la opinión pública, las políticas gubernamentales y la dirección de la economía global.

Transformación de la Fuerza Laboral y Nacimiento de la Economía de la Información

El microchip ha sido el motor de la transición de una economía industrial a una economía basada en la información. Esta transformación ha redefinido el concepto de trabajo, alejándose de la manufactura y la producción física hacia el análisis de datos, el diseño de software y los servicios digitales. La demanda de nuevas habilidades ha llevado a una revaluación del capital humano, donde el conocimiento y la creatividad se han convertido en los recursos más valiosos.

Sin embargo, esta transición también ha generado desafíos significativos. La automatización y la digitalización de muchos trabajos han provocado desplazamientos laborales y una creciente brecha de habilidades, contribuyendo a una desigualdad económica más amplia. Mientras que algunos se benefician enormemente de la economía de la información, otros se encuentran desplazados por la rápida obsolescencia de sus habilidades y experiencias.

Influencia en la Distribución del Poder y la Riqueza

La revolución del microchip ha alterado la distribución tradicional del poder y la riqueza a nivel mundial. Las naciones y las corporaciones que han podido capitalizar las oportunidades creadas por la tecnología del microchip se han posicionado como líderes en la nueva economía global. Esto ha llevado a un cambio en el equilibrio de poder, no solo entre países sino también dentro de ellos, donde el dominio económico y político se concentra cada vez más en aquellos que controlan la tecnología y la información.

Además, la capacidad de acumular y analizar grandes volúmenes de datos ha otorgado a las empresas y gobiernos poderes sin precedentes para monitorear, influir y, en algunos casos, controlar a las poblaciones. Este poder de la información plantea preguntas críticas sobre la privacidad, la libertad y la democracia en la era digital.

Conclusión: Una Nueva Estructura Social y Política

La revolución del microchip ha dado lugar a una nueva estructura social y política. La economía de la información, con sus profundos impactos en la industria, el trabajo y el poder, está remodelando las sociedades de maneras que apenas comenzamos a comprender. Mientras navegamos por este nuevo paisaje, la pregunta que permanece es cómo equilibrar los beneficios de la revolución del microchip con los desafíos que presenta, asegurando que el futuro hacia el que nos dirigimos sea uno en el que la tecnología sirva para ampliar nuestras capacidades humanas y promover una sociedad más equitativa y justa. En este contexto, el microchip no es solo un dispositivo que ha transformado el mundo; es un espejo de nuestras aspiraciones, desafíos y dilemas en la búsqueda de progreso en la era digital.

IV. Desafíos y Consecuencias

- Reflexión sobre los desafíos éticos, ambientales y de seguridad que han surgido con la revolución de la microelectrónica, incluyendo la obsolescencia tecnológica, la privacidad de los datos y el impacto ambiental de la producción y desecho de electrónicos.
- Discusión sobre la "brecha digital" y las desigualdades en el acceso a la tecnología.

Desafíos Éticos y de Privacidad

La era digital, impulsada por el microchip, ha llevado la privacidad de datos y las preocupaciones éticas al frente del debate público. La capacidad de recopilar, almacenar y analizar grandes volúmenes de información personal ha otorgado a corporaciones y gobiernos poderes sin precedentes sobre los individuos. Esta acumulación de datos personales, a menudo sin el consentimiento explícito de las personas, plantea preguntas fundamentales sobre la autonomía, la libertad y la dignidad humana en la era digital.

El uso de la tecnología de microchip en la vigilancia y el seguimiento ha exacerbado estas preocupaciones, con tecnologías como el reconocimiento facial y el rastreo de ubicación que amenazan la noción de anonimato y privacidad. La ética de cómo, cuándo y por qué se pueden utilizar estos datos se ha convertido en un campo de batalla crucial, con llamados a una mayor transparencia, regulación y salvaguardas para proteger los derechos individuales.

Impacto Ambiental

La producción, uso y desecho de dispositivos electrónicos han tenido un impacto ambiental significativo. La extracción de los materiales necesarios para la fabricación de microchips, incluidos metales raros y preciosos, conlleva una huella ecológica considerable, contribuyendo a la degradación del hábitat, la contaminación y el agotamiento de recursos naturales finitos.

Además, la obsolescencia tecnológica, acelerada por la rápida evolución de la microelectrónica, ha llevado a un ciclo de consumo insostenible, donde los dispositivos se desechan mucho antes del final de su vida útil. Esto no solo genera una cantidad significativa de residuos electrónicos, sino que también plantea desafíos en términos de reciclaje y disposición segura, dado que muchos componentes de los dispositivos contienen sustancias tóxicas.

La Brecha Digital y las Desigualdades en el Acceso a la Tecnología

Uno de los desafíos más persistentes de la revolución de la microelectrónica es la brecha digital, la división entre aquellos que tienen acceso a la tecnología y los conocimientos para usarla, y aquellos que no. Esta brecha no solo se observa entre diferentes países o regiones, sino también dentro de las sociedades, exacerbando las desigualdades existentes en términos de educación, ingresos y oportunidades.

La dependencia creciente de la tecnología en la educación, el empleo y el acceso a servicios esenciales significa que aquellos sin acceso adecuado quedan cada vez más marginados. Abordar esta brecha requiere esfuerzos concertados para asegurar que la tecnología sea accesible y asequible para todos, junto con la educación y capacitación para garantizar que las personas puedan aprovechar las oportunidades que ofrece.

Conclusión

La revolución de la microelectrónica, al igual que los cambios sociopolíticos y tecnológicos, ha reconfigurado el mundo de maneras profundas y complejas. Mientras navegamos por esta era digital, es imperativo que enfrentemos estos desafíos con un enfoque equilibrado, buscando aprovechar los beneficios de la tecnología mientras mitigamos sus riesgos y consecuencias negativas.

Esto requiere un diálogo global continuo, políticas informadas y una ética tecnológica que ponga en primer plano el bienestar humano y la sostenibilidad ambiental. Solo entonces podremos garantizar que la revolución de la microelectrónica conduzca a un futuro que sea inclusivo, justo y respetuoso con el planeta que compartimos.

V. Mirando hacia el Futuro

- *Especulaciones sobre el futuro de la microelectrónica, considerando avances como la nanotecnología, la inteligencia artificial y la computación cuántica.*

- Reflexiones sobre cómo la continua evolución del microchip podría modelar las sociedades futuras, las economías y nuestras identidades personales.

Nanotecnología y el Futuro de la Microelectrónica

La nanotecnología, operando en la escala de átomos y moléculas, promete revolucionar la microelectrónica al permitir la creación de dispositivos aún más pequeños, rápidos y eficientes energéticamente. Imaginemos microchips no solo en computadoras y teléfonos, sino integrados en la ropa, objetos cotidianos e incluso dentro del cuerpo humano, monitoreando nuestra salud en tiempo real y administrando tratamientos de manera precisa y personalizada. Esta convergencia de tecnología y biología podría transformar la medicina, hacer que los objetos cotidianos sean inteligentes y redefinir nuestra interacción con el entorno.

Inteligencia Artificial: Ampliando la Capacidad Humana

La inteligencia artificial, impulsada por el avance continuo de la microelectrónica, se encuentra en el umbral de transformar cada aspecto de nuestra sociedad. La IA no solo está mejorando la eficiencia y la productividad en industrias y servicios, sino que también está abriendo nuevas fronteras en la creatividad, la innovación y la toma de decisiones. A medida que las máquinas se vuelven capaces de aprender y resolver problemas complejos, podríamos ver cambios fundamentales en la fuerza laboral, la educación y la estructura social.

Sin embargo, esta promesa viene acompañada de desafíos significativos. La IA plantea preguntas éticas sobre la autonomía, la privacidad y el control, mientras que el temor a la deshumanización y la obsolescencia del trabajo humano persiste. Navegar estos desafíos requerirá un diálogo global sobre cómo integrar la IA en la sociedad de manera que amplíe, y no limite, la capacidad humana y el bienestar.

Computación Cuántica: Hacia un Nuevo Paradigma

La computación cuántica, con su promesa de realizar cálculos a velocidades exponencialmente más rápidas que los ordenadores actuales, podría revolucionar campos desde la criptografía hasta la simulación de sistemas complejos, como el clima y las moléculas biológicas. Este salto cuántico en la capacidad de procesamiento abriría nuevas dimensiones en la investigación científica y tecnológica, potencialmente acelerando el desarrollo de nuevos materiales, medicamentos y tecnologías de energía limpia.

Aunque la computación cuántica aún se encuentra en sus etapas iniciales, su desarrollo futuro podría cuestionar los fundamentos de la seguridad digital y transformar la competencia económica y geopolítica, al otorgar a quienes dominen esta tecnología una ventaja decisiva en el ciberespacio y más allá.

Reflexiones sobre la Sociedad, Economía e Identidad

La continua evolución de la microelectrónica, a través de la nanotecnología, la IA y la computación cuántica, promete no solo innovaciones tecnológicas, sino también cambios profundos en la estructura de nuestras sociedades y economías. Estamos al borde de una era donde la fusión de lo humano y lo tecnológico podría redefinir nuestra comprensión de la identidad, la agencia[1] y la comunidad.

[1]*En este contexto, "agencia" se refiere a la capacidad de los individuos o entidades para actuar de manera independiente y tomar sus propias decisiones libres, influyendo así en su entorno y en su futuro. Esta palabra es clave para entender cómo las tecnologías emergentes podrían afectar nuestra autonomía y capacidad de elección, así como la forma en que interactuamos entre nosotros y con la tecnología.*

Estos avances nos obligan a reflexionar sobre preguntas fundamentales: ¿Cómo equilibramos el progreso tecnológico con la sostenibilidad ambiental y la equidad social? ¿Cómo aseguramos que los beneficios de estas tecnologías sean accesibles para todos y no solo para una élite tecnológica y económica? ¿Y cómo mantenemos nuestra esencia humana en un mundo cada vez más mediado por la tecnología?

Conclusión

Mirando hacia el futuro de la microelectrónica, es claro que estamos al inicio de una nueva fase de nuestra evolución, marcada por el potencial de la tecnología para transformar fundamentalmente quiénes somos y cómo vivimos. Al igual que los cambios sociopolíticos y tecnológicos del pasado, la revolución de la microelectrónica nos ofrece tanto promesas extraordinarias como desafíos significativos. Navegar este futuro requerirá no solo ingenio e innovación, sino también sabiduría, responsabilidad y un compromiso renovado con los valores humanos fundamentales. En este cruce de caminos, la historia de la microelectrónica no es solo una de circuitos y códigos, sino una narrativa sobre nuestra continua búsqueda de conocimiento, significado y conexión en el universo.

VI. Conclusión: La Huella del Microchip

Al reflexionar sobre la monumental travesía de la humanidad, desde las llanuras de África hasta las ciudades inteligentes del siglo XXI, es imposible ignorar el papel fundamental que ha desempeñado el microchip en la configuración de la sociedad moderna. Este diminuto artefacto de silicio, a simple vista insignificante, se erige como un coloso en la historia del progreso humano, comparable en impacto a las grandes revoluciones agrícola e industrial, e incluso a los movimientos sociopolíticos que han redefinido civilizaciones enteras. La huella del microchip en la narrativa de nuestra especie es profunda, marcando el alba de una era en la que nuestra búsqueda incesante de conocimiento, eficiencia y conexión ha transformado radicalmente lo que significa ser humano.

El Legado Duradero del Microchip

El microchip, más allá de ser simplemente una maravilla de la ingeniería, es un testimonio de la capacidad humana para soñar, innovar y trascender los límites de lo posible. Su invención y evolución encapsulan no solo el genio individual de figuras como Jack Kilby y Robert Noyce, sino también el espíritu colectivo de una especie que se niega a aceptar el status quo. En este pequeño fragmento de material se concentra la esencia de la revolución de la microelectrónica, un cambio paradigmático que ha redefinido industrias, economías y sociedades enteras.

El microchip ha democratizado el acceso a la información, ha conectado a la humanidad de maneras inimaginables y ha sido el catalizador de innovaciones que han mejorado la calidad de vida de miles de millones de personas. Ha permitido explorar los confines del espacio, ha desbloqueado los secretos del código genético y ha facilitado el surgimiento de la inteligencia artificial, desafiando nuestras concepciones más fundamentales sobre la vida, la inteligencia y la conciencia.

Carlos López

Redefiniendo lo que Significa Ser Humano

En la gran narrativa de la humanidad, el desarrollo del microchip se destaca como un monumento a nuestra incesante búsqueda de conocimiento. Este deseo de entender y manipular el mundo que nos rodea ha sido una constante a lo largo de la historia humana, pero nunca antes habíamos tenido una herramienta tan poderosa a nuestra disposición. El microchip ha acelerado nuestra capacidad para aprender, crear y comunicarnos, redefiniendo en el proceso lo que significa ser humano. En este nuevo mundo modelado por la microelectrónica, nuestra relación con la tecnología es íntima y compleja, ofreciendo nuevas libertades mientras plantea preguntas profundas sobre la privacidad, la autonomía y la equidad.

La era del microchip también ha cambiado nuestra percepción del tiempo y del espacio. La instantaneidad de la comunicación global y el acceso omnipresente a la información han comprimido el mundo, haciendo que las distancias físicas sean menos relevantes y que los eventos en lugares remotos sean inmediatamente palpables. Este nuevo paisaje digital, donde las fronteras entre lo físico y lo virtual se desdibujan, ofrece un escenario sin precedentes para la creatividad y la interacción humana.

Mirando hacia el Futuro

Al contemplar el futuro, es evidente que el legado del microchip continuará evolucionando, impulsando avances en campos tan diversos como la nanotecnología, la robótica y la medicina personalizada. Sin embargo, el verdadero desafío radica en garantizar que estos avances sirvan al bienestar de toda la humanidad, y no solo a intereses particulares. La historia del microchip nos invita a reflexionar sobre nuestra responsabilidad colectiva en la configuración de un futuro donde la tecnología amplíe nuestras capacidades sin comprometer nuestros valores fundamentales.

Conclusión

El microchip, en su silenciosa omnipresencia, ha hecho más que cualquier líder o revolución para moldear el mundo moderno. En esta diminuta pieza de tecnología se refleja la grandeza de la ambición humana y la profundidad de nuestra curiosidad intelectual. A medida que avanzamos, llevando consigo las lecciones del pasado y las esperanzas del futuro, el microchip permanece como un símbolo de nuestra era, un recordatorio de que, en la búsqueda de conocimiento, eficiencia y conexión, estamos constantemente redefiniendo lo que significa ser humano. En este viaje hacia lo desconocido, el legado del microchip nos asegura que, por más que cambie el mundo, nuestra esencia exploratoria y nuestra capacidad para soñar y crear permanecerán indelebles en el tejido de la civilización humana.

Capítulo 3:

Conectados: La Tejeduría de la World Wide Web

I. La Génesis de la World Wide Web

La invención de la World Wide Web por Tim Berners-Lee en 1989 representa uno de esos raros momentos en la historia de la humanidad donde un solo giro del destino tiene el poder de reconfigurar fundamentalmente la sociedad. Este segmento se sumerge en la génesis de la World Wide Web, explorando cómo la visión de Berners-Lee de un espacio de información universalmente accesible emergió no solo como una solución a un problema práctico, sino como un faro que guiaría a la humanidad hacia una nueva era de conexión y entendimiento global.

El Problema de la Comunicación Científica

En los últimos años de la década de 1980, el CERN (Organización Europea para la Investigación Nuclear), uno de los centros de investigación científica más grandes y respetados del mundo, se enfrentaba a un desafío formidable. La colaboración y el intercambio de información entre científicos de diferentes partes del mundo eran esenciales para el avance de proyectos de investigación complejos, pero las herramientas de comunicación existentes eran inadecuadas. Los documentos y datos se compartían mediante correo físico, fax o, en el mejor de los casos, a través de sistemas de archivos electrónicos que eran difíciles de usar y no interoperables entre diferentes plataformas informáticas.

La Visión de Tim Berners-Lee

Fue en este contexto de fragmentación y aislamiento informativo donde Tim Berners-Lee, un joven ingeniero y físico británico trabajando en el CERN, concibió la idea de la World Wide Web. Berners-Lee imaginó un sistema hipertextual que permitiría a los investigadores acceder y compartir información de manera fluida y universal, independientemente de su ubicación física o el tipo de computadora que estuvieran utilizando. Su visión era radicalmente inclusiva: una red global de información que no solo serviría a la comunidad científica, sino que estaría disponible para todos, en todas partes.

Tejiendo la Primera Página Web

Con una mezcla de ingenio técnico y determinación, Berners-Lee se puso a trabajar en la implementación de su visión. Utilizando un NeXT Computer, desarrolló los fundamentos de lo que se convertiría en la World Wide Web: HTML (Lenguaje de Marcado de Hipertexto) para crear páginas web, HTTP (Protocolo de Transferencia de Hipertexto) para comunicarse entre servidores y clientes, y

URL (Localizador Uniforme de Recursos) para identificar de manera única cada recurso en la red. En 1990, Berners-Lee puso en línea la primera página web, alojada en un servidor NeXT en el CERN. Esta página, simple en diseño pero revolucionaria en concepto, explicaba el proyecto World Wide Web y ofrecía instrucciones sobre cómo crear páginas web y acceder a la información.

Un Regalo para la Humanidad

Lo que siguió a la creación de la primera página web fue un acto de generosidad sin precedentes en la historia de la tecnología. Berners-Lee y el CERN tomaron la decisión de hacer que la tecnología de la Web estuviera disponible de manera gratuita, sin patentes ni royalties. Esta decisión fue crucial para la adopción masiva y el crecimiento explosivo de la Web en los años siguientes. Al renunciar al control y los beneficios potenciales, Berners-Lee aseguró que la Web pudiera desarrollarse como un recurso verdaderamente global y democrático.

Conclusión

La génesis de la World Wide Web es una historia de cómo la visión, el ingenio y la generosidad pueden converger para cambiar el mundo. En la creación de Berners-Lee, vemos no solo una solución técnica a un problema de comunicación, sino una reconceptualización de cómo la información y el conocimiento pueden ser compartidos y accesibles para todos. La Web no solo borró las fronteras más rápido de lo que la humanidad pudo dibujarlas; también tejió una nueva tela en el tejido de la sociedad humana, conectándonos de maneras que apenas estamos comenzando a entender y aprovechar. En este acto de creación, Berners-Lee no solo nos proporcionó una herramienta; nos ofreció una ventana hacia el potencial ilimitado de la colaboración humana y el entendimiento mutuo.

II. Transformación Cultural y Social

La invención de la World Wide Web y su posterior integración en la vida cotidiana ha servido como un catalizador para una transformación cultural y social sin precedentes. Al igual que las revoluciones agrícola e industrial reconfiguraron la estructura de las sociedades anteriores, la innovación digital ha reformado las interacciones sociales y culturales, borrando las fronteras físicas y temporales más rápido de lo que la humanidad pudo dibujarlas. Este cambio ha sido tan radical y abarcador que ha alterado la manera en que las personas se perciben a sí mismas, interactúan entre ellas y participan en movimientos colectivos, redefiniendo así la identidad, la expresión personal y la movilización colectiva.

Creación de Comunidades en Línea

La Web ha facilitado la creación de comunidades en línea, permitiendo a las personas con intereses, creencias o situaciones similares encontrarse y conectarse, independientemente de su ubicación geográfica. Estas comunidades virtuales han proporcionado un espacio para que grupos marginados o minoritarios encuentren apoyo y solidaridad, a menudo en entornos que de otro modo serían hostiles o inaccesibles en el mundo físico. Foros, grupos de discusión y plataformas de redes sociales han permitido a individuos explorar y expresar aspectos de su identidad, desde la orientación sexual hasta afiliaciones políticas, creando un sentido de pertenencia y aceptación.

El Impacto de las Redes Sociales

Las plataformas de redes sociales, en particular, han transformado radicalmente la forma en que interactuamos y compartimos información. Han redefinido la noción de amistad, privacidad y comunidad, facilitando la expresión personal y la auto-representación a una escala masiva. Al mismo tiempo, estas plataformas han planteado cuestiones complejas sobre la autenticidad, la superficialidad de las conexiones en línea y el impacto en la salud mental de los usuarios. A pesar de estos desafíos, las redes sociales han empoderado a las personas para que se conviertan en creadores de contenido, influyentes y activistas, utilizando estas plataformas para movilizar la opinión pública, organizar eventos y campañas, e incluso fomentar cambios sociales y políticos.

Movilización Colectiva y Activismo Digital

La Web ha democratizado el activismo, permitiendo que movimientos y causas sociales ganen visibilidad y apoyo a una velocidad y escala sin precedentes. Campañas de sensibilización, recaudación de fondos y protestas pueden organizarse y ejecutarse con eficacia a través de Internet, superando las limitaciones geográficas y llegando a audiencias globales. La Primavera Árabe, el movimiento #MeToo y las campañas contra el cambio climático son ejemplos destacados de cómo la Web puede servir como un poderoso instrumento para la movilización colectiva y el cambio social.

Redefinición de la Identidad y la Expresión Personal

La Web ha introducido nuevas dimensiones en la construcción de la identidad y la expresión personal. La capacidad de interactuar en entornos virtuales anónimos o semi-anónimos ha permitido a las personas experimentar con diferentes facetas de su identidad, liberándose de las restricciones impuestas por las normas sociales y culturales tradicionales. Sin embargo, esta libertad también ha generado debates sobre la autenticidad, la fragmentación de la identidad y el impacto de la vida digital en nuestro sentido del yo en el mundo físico.

Conclusiones y Reflexiones

La transformación cultural y social impulsada por la World Wide Web es un testimonio de la naturaleza dinámica y adaptativa de la humanidad, donde cada revolución tecnológica y sociopolítica ha dado forma a la evolución de nuestra especie, la era digital nos está llevando hacia un futuro donde las posibilidades de conexión, expresión y movilización son infinitas. Sin embargo, también nos enfrenta a desafíos significativos en términos de privacidad, seguridad, salud mental y cohesión social. Navegar por este futuro requerirá una reflexión cuidadosa sobre cómo equilibrar las oportunidades sin precedentes que ofrece la Web con la necesidad de proteger y preservar el tejido social y cultural de nuestra especie. En última instancia, la Web no solo ha transformado cómo interactuamos entre nosotros y con el mundo, sino que también ha cambiado nuestra comprensión de lo que significa ser humano en la era de la información. La omnipresencia de la conexión digital ha creado nuevas formas de comunidad y solidaridad, al tiempo que ha exacerbado divisiones y ha planteado preguntas sobre la autenticidad y la identidad en un mundo cada vez más mediado por pantallas.

A medida que avanzamos, la responsabilidad recae tanto en los creadores de tecnología como en sus usuarios para moldear la Web de una manera que fomente el entendimiento mutuo, el respeto y la inclusión. Esto implica diseñar con empatía y conciencia de las diversas experiencias humanas, así como educar a los usuarios sobre la ética digital y la alfabetización mediática. Asimismo, es crucial que las políticas públicas y las regulaciones evolucionen para reflejar los cambios rápidos en nuestro entorno digital, asegurando que los beneficios de la Web sean accesibles para todos y no solo para una élite conectada.

La era de la World Wide Web, con todas sus complejidades, representa una fase más en el largo viaje de la humanidad, un capítulo en el que nuestras herramientas de comunicación han alcanzado una capacidad sin precedentes para unir y dividir. El desafío para nuestra generación, y para las futuras, será cómo utilizamos estas herramientas para construir un mundo que refleje nuestros valores más profundos y aspiraciones comunes. Al hacerlo, podemos asegurar que la Web se convierta en un espacio que no solo borre las fronteras físicas, sino que también trascienda las barreras que nos separan, ofreciendo un puente hacia un futuro compartido caracterizado por una mayor comprensión, cooperación y empatía entre todos los habitantes de nuestro planeta. La tarea es monumental, pero dentro de este desafío yace la promesa de una nueva era de innovación humana y conexión cultural, una era en la que podemos, colectivamente, redefinir lo que significa vivir en un mundo verdaderamente conectado.

III. Impacto Económico

Nacimiento del Comercio Electrónico

Una de las transformaciones más evidentes impulsadas por la Web ha sido la creación y expansión del comercio electrónico. Las plataformas en línea han democratizado el acceso a los mercados, permitiendo tanto a pequeñas empresas como a gigantes corporativos vender productos y servicios a un público global. Esta capacidad para realizar transacciones instantáneas a nivel mundial no solo ha aumentado la eficiencia y accesibilidad de los mercados, sino que también ha ampliado las opciones de los consumidores, reduciendo costos y eliminando barreras geográficas.

Aparición de Nuevas Industrias Digitales

La Web ha sido el caldo de cultivo para el surgimiento de nuevas industrias digitales, incluidas las redes sociales, la publicidad en línea, el cloud computing y la economía del compartir. Estas industrias han creado millones de empleos, generado ingresos significativos y han impulsado innovaciones que han permeado prácticamente todos los aspectos de la vida moderna. La economía de las aplicaciones, por ejemplo, ha permitido a individuos y empresas desarrollar soluciones software para una amplia gama de necesidades y deseos, desde la productividad hasta el entretenimiento.

Transformación del Mercado Laboral

La digitalización de la economía también ha transformado el mercado laboral. La demanda de habilidades digitales ha aumentado exponencialmente, mientras que muchos empleos tradicionales han sido redefinidos o desplazados por nuevas tecnologías. La capacidad de trabajar remotamente, potenciada por la Web, ha cambiado las expectativas y posibilidades para empleadores y empleados, ofreciendo flexibilidad pero también planteando desafíos en términos de seguridad laboral y cohesión de equipo.

Desafíos en Seguridad, Privacidad y Regulación

Con el crecimiento del comercio electrónico y la economía digital, han surgido importantes desafíos relacionados con la seguridad de las transacciones, la protección de la privacidad de los usuarios y la necesidad de regulaciones adecuadas para salvaguardar los intereses de todas las partes. La seguridad de los datos se ha convertido en una preocupación primordial para empresas y consumidores, dada la frecuencia de violaciones de seguridad y el riesgo de fraude. Además, la recolección y uso de datos personales por parte de empresas tecnológicas ha suscitado debates sobre la privacidad y la autonomía personal en la era digital. La regulación de estas áreas sigue siendo un campo en evolución, con gobiernos y organizaciones internacionales buscando equilibrar la innovación con la protección de los derechos individuales y la integridad del mercado.

Conclusión

La World Wide Web ha borrado las fronteras económicas más rápido de lo que la humanidad pudo dibujarlas, creando un mundo interconectado donde las posibilidades comerciales, la creación de valor y la innovación son casi ilimitadas. Sin embargo, este nuevo paisaje también plantea desafíos significativos que requieren una reflexión cuidadosa y una acción colectiva para asegurar que los beneficios de la economía digital se distribuyan equitativamente y que se protejan los derechos y la seguridad de todos los participantes. En última instancia, el impacto económico de la Web es un reflejo de nuestra capacidad para utilizar las herramientas tecnológicas no solo para avanzar económicamente, sino también para fomentar una sociedad más justa, segura y conectada.

IV. Innovación y Conocimiento

Acceso Universal al Conocimiento

Antes de Internet, el acceso al conocimiento estaba a menudo restringido por barreras geográficas, económicas y sociales. Bibliotecas, instituciones educativas y laboratorios de investigación eran los guardianes del conocimiento, accesibles solo para aquellos con los medios o la proximidad para aprovecharlos. La llegada de Internet cambió esto radicalmente, ofreciendo a cualquier persona con una conexión la posibilidad de acceder a una vasta reserva de información y recursos educativos.

Impacto en la Educación

La educación ha sido transformada por la capacidad de Internet para ofrecer aprendizaje en línea, cursos abiertos masivos en línea (MOOCs), tutoriales, y plataformas educativas que ofrecen desde habilidades básicas hasta cursos avanzados de grado universitario. Estos recursos han abierto oportunidades de aprendizaje para personas en regiones remotas o desfavorecidas, y para aquellos que necesitan horarios flexibles o tienen recursos limitados. La educación ya no está limitada por las paredes de un aula; se ha convertido en una experiencia global, continua y accesible.

Avances en la Ciencia

En el ámbito científico, Internet ha facilitado un nivel de colaboración y comunicación antes inimaginable. Plataformas de prepublicación y revistas de acceso abierto permiten a los investigadores compartir sus descubrimientos casi instantáneamente con colegas de todo el mundo, acelerando el ritmo de la invención y permitiendo una mayor transparencia y revisión por pares del proceso científico. Herramientas digitales y bases de datos en línea proporcionan a los investigadores acceso a una cantidad y variedad de datos sin precedentes, impulsando avances en campos que van desde la genómica hasta la climatología.

Fomento de la Innovación

La libre circulación de ideas y conocimientos ha sido un catalizador para la innovación en todos los sectores. Startups tecnológicas, empresas de software, y creadores individuales pueden aprovechar el conocimiento compartido y las herramientas disponibles en línea para desarrollar nuevos productos, servicios y soluciones a problemas complejos. Este ecosistema de innovación abierta ha llevado a avances tecnológicos que han transformado industrias enteras, desde la computación y telecomunicaciones hasta la salud y la energía.

Desafíos y Consideraciones

Sin embargo, este acceso universal al conocimiento también plantea desafíos. La brecha digital entre aquellos con acceso a Internet y los que no lo tienen sigue siendo un obstáculo significativo. Además, la calidad y fiabilidad de la información en línea pueden variar enormemente, haciendo que la alfabetización digital y la capacidad para evaluar críticamente las fuentes de información sean habilidades esenciales. Por último, la propiedad intelectual y los derechos de autor en el entorno digital presentan complejidades legales y éticas que todavía están siendo resueltas.

Conclusión

La World Wide Web ha borrado fronteras y democratizado el acceso al conocimiento de una manera que redefine lo que es posible en educación, ciencia e innovación. A medida que avanzamos hacia el futuro, el desafío será garantizar que este acceso sea inclusivo, equitativo y utilizado de manera que enriquezca la sociedad global. La era digital, con todas sus oportunidades y desafíos, nos obliga a reconsiderar nuestra relación con el conocimiento y nos impulsa a imaginar nuevas formas de aprender, descubrir e innovar juntos.

V. Desafíos y Preocupaciones

Privacidad y Seguridad de los Datos

Uno de los desafíos más apremiantes es la protección de la privacidad y la seguridad de los datos personales. En un mundo donde la recopilación de datos se ha vuelto omnipresente, la línea entre la conveniencia y la intrusión se ha vuelto borrosa. Las violaciones de datos y los ciberataques son eventos regulares que ponen en riesgo la información personal de millones, destacando la necesidad de medidas de seguridad robustas y de una legislación que proteja los derechos digitales de los individuos. La creciente sofisticación de las técnicas de seguimiento y perfilado en línea también plantea preguntas sobre el consentimiento y la autonomía individual en el vasto mercado de datos.

Desinformación y Polarización

La propagación de la desinformación y el aumento de la polarización representan otro conjunto de desafíos que han sido exacerbados por la Web. Las plataformas de redes sociales, al optimizar el compromiso por encima de la veracidad, han facilitado la difusión de noticias falsas y teorías de conspiración, socavando la confianza en las instituciones y en los medios de comunicación tradicionales. Esta dinámica ha contribuido a la polarización social y política, creando cámaras de eco donde las perspectivas opuestas raramente se encuentran. La tarea de discernir la verdad se ha vuelto cada vez más compleja, requiriendo de los usuarios una alfabetización mediática y digital crítica.

Dependencia Tecnológica

La dependencia de la sociedad en la tecnología digital, especialmente evidente durante la pandemia de COVID-19, ha resaltado tanto la vulnerabilidad como la resiliencia de nuestras redes digitales. Mientras que la conectividad en línea ha permitido la continuidad de muchas actividades económicas, educativas y sociales, también ha revelado cuán críticas se han vuelto estas infraestructuras para el funcionamiento diario de la sociedad. Esta dependencia plantea interrogantes sobre la sostenibilidad, el acceso equitativo y la preparación ante interrupciones o ciberataques de gran escala.

Ética y Regulación

Finalmente, la rapidez del desarrollo tecnológico ha superado con creces la capacidad de la sociedad para comprender y regular adecuadamente sus implicaciones. La ética de la inteligencia artificial, el uso de algoritmos en la toma de decisiones y la regulación de las plataformas digitales son áreas críticas que requieren un diálogo continuo y una colaboración global. La tarea de equilibrar la innovación con la protección de los derechos individuales y el bienestar colectivo es compleja pero esencial para asegurar que los beneficios de la Web sean accesibles para todos.

Reflexión Final

Nuestra creciente dependencia de la tecnología digital, especialmente de la World Wide Web, nos coloca en un punto de inflexión crítico. Los desafíos que enfrentamos, desde la privacidad y seguridad de los datos hasta la desinformación y polarización, requieren de una reflexión cuidadosa, un compromiso ético y un enfoque colaborativo para la regulación. Mientras navegamos por este futuro incierto, debemos esforzarnos por mantener la Web como un espacio que fomente la conexión, el entendimiento y el respeto mutuo, garantizando que su legado sea uno de empoderamiento y no de división. En última instancia, cómo elegimos abordar estos desafíos no solo determinará el futuro de la Web, sino también el futuro de nuestra sociedad global en la era de la información.

VI. Mirando hacia el Futuro

Inteligencia Artificial (IA)

La integración de la IA en la Web promete revolucionar nuestra forma de buscar, procesar y utilizar la información. Los algoritmos de aprendizaje automático podrían personalizar nuestras experiencias en línea, anticipando nuestras necesidades y preferencias con una precisión sin precedentes. Sin embargo, esta misma personalización plantea preguntas sobre los límites de la privacidad y la autonomía, ya que cada clic, búsqueda e interacción alimenta el sistema que nos perfila. Además, la IA tiene el potencial de automatizar trabajos y crear nuevas formas de empleo, transformando radicalmente el mercado laboral y desafiando nuestras concepciones tradicionales de trabajo y productividad.

Blockchain

El blockchain ofrece un futuro donde las transacciones en línea son seguras, transparentes y descentralizadas. Esta tecnología podría democratizar el acceso a la economía digital, permitiendo a las personas realizar transacciones sin la necesidad de intermediarios confiables. En el ámbito de la Web, el blockchain podría facilitar una nueva era de aplicaciones descentralizadas (dApps), desafiando el modelo actual dominado por grandes plataformas y corporaciones. Sin embargo, la adopción masiva del blockchain requiere superar desafíos significativos en términos de escalabilidad, regulación y aceptación pública.

Realidad Aumentada (RA) y Virtual (RV)

La RA y la RV prometen enriquecer la Web con experiencias inmersivas que trascienden los límites del espacio físico. Podríamos asistir a reuniones en entornos virtuales tridimensionales, explorar sitios remotos como si estuviéramos allí o experimentar eventos históricos de primera mano. Esta fusión de lo real y lo virtual podría transformar la educación, el entretenimiento y el comercio, ofreciendo nuevas formas de aprender, interactuar y consumir. Sin embargo, la proliferación de estos entornos plantea cuestiones sobre la distinción entre la realidad y la simulación, así como sobre los efectos de la inmersión prolongada en espacios virtuales sobre nuestro bienestar y relaciones sociales.

Desafíos y Oportunidades

Mirar hacia el futuro de la Web es contemplar un paisaje lleno de posibilidades asombrosas y desafíos complejos. La continua evolución de la Web nos invita a reflexionar sobre cómo las tecnologías emergentes pueden ser guiadas por valores humanísticos que promuevan el bienestar colectivo, la equidad y la sostenibilidad. En este futuro, la tarea de garantizar que la Web siga siendo un espacio de libertad, creatividad y conexión colectiva es compartida por todos: desarrolladores, usuarios, reguladores y líderes globales.

Conclusión

El futuro de la Web, influenciado por la inteligencia artificial, el blockchain, y las realidades aumentada y virtual, es un territorio inexplorado que ofrece el potencial para reimaginar no solo cómo interactuamos con la información y entre nosotros, sino también cómo concebimos nuestra propia humanidad en la era digital, nos enfrentamos a elecciones fundamentales sobre el tipo de futuro que queremos construir. Al equilibrar las oportunidades sin precedentes que ofrece la Web con la necesidad de proteger y preservar nuestro tejido social y cultural, podemos aspirar a un futuro donde la tecnología sirva para ampliar, y no limitar, nuestra experiencia humana compartida.

VII. Conclusión: La Era de la Conectividad

La conclusión enfatizaría la idea de que, al borrar las fronteras más rápido de lo que la humanidad pudo dibujarlas, Internet ha iniciado una era de conectividad sin precedentes. A medida que avanzamos, la forma en que navegamos, gestionamos y evolucionamos junto con esta herramienta definirá el legado de nuestra era para las generaciones futuras. La World Wide Web es más que una red de computadoras; es un tejido intrincado de sueños humanos, aspiraciones y desafíos colectivos, un reflejo de nuestra incesante búsqueda de conocimiento, eficiencia y conexión.

Borrando Fronteras, Dibujando Conexiones

Internet ha logrado, en unas pocas décadas, lo que la diplomacia y los conflictos no pudieron a lo largo de milenios: ha borrado las fronteras de manera efectiva, permitiendo flujos de información, cultura, comercio y solidaridad que trascienden las divisiones geográficas y políticas. Esta eliminación de barreras ha acelerado la globalización, pero también ha planteado preguntas profundas sobre la soberanía, la identidad y la cohesión social.

Carlos López

El Tejido de Sueños y Desafíos

La World Wide Web se ha convertido en un lienzo sobre el cual se pintan los sueños humanos y se enfrentan sus desafíos. Cada clic y cada conexión representan un punto de encuentro entre aspiraciones individuales y colectivas, entre la búsqueda de conocimiento y la necesidad de pertenencia. La Web es un reflejo de nuestra diversidad, pero también un recordatorio de nuestra interdependencia. En ella, se entrelazan historias de innovación y creatividad con narrativas de exclusión y conflicto, ofreciendo un panorama complejo de la condición humana en el siglo XXI.

Navegando el Futuro

A medida que avanzamos, la manera en que gestionamos y evolucionamos junto con Internet definirá el legado de nuestra era. Estamos al borde de desarrollos tecnológicos que podrían ampliar aún más las capacidades de la Web, desde la inteligencia artificial y el blockchain hasta la realidad aumentada y más allá. Estas tecnologías prometen llevar la conectividad y la interacción humana a nuevos horizontes, pero también requieren que enfrentemos preguntas éticas y prácticas sobre privacidad, autonomía y equidad.

Forjando el Legado de la Era de la Conectividad

La responsabilidad de forjar el legado de la Era de la Conectividad recae en todos nosotros: desarrolladores y usuarios, pensadores y hacedores, líderes y ciudadanos. Debemos esforzarnos por asegurar que la Web se mantenga como un espacio que fomente el entendimiento mutuo, el respeto y la inclusión. Al hacerlo, podemos asegurar que el tejido intrincado de sueños humanos, aspiraciones y desafíos colectivos que es la World Wide Web sirva como un puente hacia un futuro compartido, caracterizado por una mayor comprensión, cooperación y empatía entre todos los habitantes de nuestro planeta.

Conclusión

La World Wide Web es mucho más que una red de computadoras; es un testimonio viviente de la incesante búsqueda humana de conocimiento, eficiencia y conexión. En la era de la conectividad, tenemos la oportunidad única de rediseñar las relaciones humanas, la gestión del conocimiento y la participación cívica para las generaciones futuras. Al abrazar esta oportunidad con responsabilidad y visión, podemos asegurar que el legado de nuestra era sea uno de empoderamiento, inclusión y progreso compartido.

Capítulo 4,

Mentes Digitales: El Ascenso de la Inteligencia Artificial

I.   Orígenes y Evolución de la IA

La inteligencia artificial (IA), desde sus inicios teóricos hasta su omnipresencia en la vida moderna, es una narrativa de ambición humana, ingenio y la búsqueda incesante de trascender nuestras propias limitaciones cognitivas, podemos ver la evolución de la IA no solo como un avance tecnológico, sino como una profunda exploración de lo que significa ser inteligente, y cómo esta búsqueda redefine continuamente la experiencia humana.

Orígenes Teóricos

La historia de la inteligencia artificial se remonta a la antigüedad, con mitos y leyendas que hablan de criaturas inanimadas dotadas de vida o inteligencia por medios mágicos o divinos. Sin embargo, el concepto de IA como lo conocemos hoy comenzó a tomar forma en el siglo XX, cuando matemáticos y filósofos, fascinados por la posibilidad de replicar la inteligencia humana en máquinas, empezaron a teorizar sobre sistemas computacionales capaces de realizar tareas cognitivas.

La publicación de "Computing Machinery and Intelligence" por Alan Turing en 1950 marcó un hito fundamental en el pensamiento sobre la IA. Turing propuso la idea de que una máquina podría considerarse inteligente si era capaz de imitar la inteligencia humana de manera indistinguible para un observador humano, introduciendo el famoso "Test de Turing" como criterio de inteligencia artificial.

Avances Tempranos

Los primeros experimentos prácticos en IA se centraron en programas que podían realizar tareas específicas, como jugar ajedrez o resolver problemas matemáticos. Estos sistemas, aunque primitivos, demostraron que era posible para las máquinas llevar a cabo tareas que requerían algún nivel de "pensamiento". A pesar de estos avances tempranos, la IA se enfrentó a limitaciones significativas, incluyendo la falta de poder de cómputo y una comprensión aún rudimentaria de cómo modelar procesos cognitivos complejos.

La Era del Aprendizaje Automático

El verdadero salto evolutivo en la IA comenzó con el desarrollo del aprendizaje automático y, más tarde, del aprendizaje profundo. Estas tecnologías permitieron a las máquinas aprender de los datos, mejorando su rendimiento a medida que se les proporcionaba más información. La introducción de redes neuronales, inspiradas en la estructura y función del cerebro humano, ha sido particularmente influyente, permitiendo avances en el procesamiento del lenguaje natural, reconocimiento de imágenes y más.

Explosión de Datos y Poder Computacional

La disponibilidad masiva de datos digitales y el aumento exponencial del poder computacional han sido catalizadores clave para el avance de la IA. La era de Big Data ha proporcionado a los sistemas de IA el combustible necesario para "aprender" y adaptarse, mientras que las mejoras en el hardware, como las unidades de procesamiento gráfico (GPU), han acelerado la velocidad a la que estas máquinas pueden procesar y analizar información compleja.

Aplicaciones en el Mundo Real

Hoy, la IA se ha integrado en numerosos aspectos de la vida cotidiana y la economía global, desde asistentes virtuales y recomendaciones personalizadas en servicios de streaming hasta sistemas autónomos en vehículos y diagnósticos médicos avanzados. Esta omnipresencia de la IA es testimonio de su evolución de un concepto teórico a una tecnología transformadora que impacta prácticamente todos los sectores de la sociedad.

Reflexión

La trayectoria de la IA, desde sus orígenes y evolución hasta sus aplicaciones contemporáneas, refleja una extensión de la capacidad humana para imaginar, crear y redefinir los límites de nuestra existencia. En este viaje hacia la creación de mentes digitales, hemos comenzado a enfrentar preguntas fundamentales sobre la inteligencia, la conciencia y nuestro futuro compartido con las máquinas. Cada avance tecnológico no solo transforma nuestro mundo externo, sino que también nos invita a reflexionar sobre quiénes somos y quiénes queremos ser en la era de la inteligencia artificial.

II. La IA en la Sociedad Moderna

Transformación de Sectores Clave

Salud: La integración de la IA en el sector sanitario ha revolucionado la forma en que se diagnostican y tratan enfermedades. Sistemas de IA, a través del análisis de grandes volúmenes de datos médicos y la generación de algoritmos predictivos, pueden identificar patrones que el ojo humano podría pasar por alto. Desde el diagnóstico precoz del cáncer hasta el desarrollo de tratamientos personalizados basados en genómica, la IA está en la vanguardia de una nueva era en la medicina, prometiendo una atención más precisa, efectiva y personalizada.

Educación: La IA está transformando el ámbito educativo al ofrecer experiencias de aprendizaje personalizadas y adaptativas. Sistemas inteligentes son capaces de ajustar el contenido y el ritmo de aprendizaje a las necesidades individuales de cada estudiante, identificando áreas de fortaleza y debilidad para optimizar el proceso educativo. Además, herramientas de IA facilitan el acceso a recursos educativos en entornos remotos o desfavorecidos, democratizando el acceso al conocimiento.

Industria: En el sector industrial, la IA ha introducido mejoras significativas en eficiencia, seguridad y sostenibilidad. La implementación de sistemas autónomos y robótica inteligente en la fabricación y logística no solo ha aumentado la producción y reducido los costos, sino que también ha minimizado los riesgos humanos en entornos peligrosos. La IA está permitiendo a las industrias prever tendencias de mercado, optimizar cadenas de suministro y desarrollar nuevos productos innovadores.

Entretenimiento: La industria del entretenimiento ha sido profundamente impactada por la IA, desde la creación de música y arte generados por IA hasta sistemas de recomendación personalizados en plataformas de streaming. Estas tecnologías han cambiado la forma en que consumimos e interactuamos con el contenido, ofreciendo experiencias altamente personalizadas y abriendo nuevas avenidas para la creatividad.

Ampliación de las Capacidades Humanas

Más allá de la transformación de sectores específicos, la IA está redefiniendo nuestra comprensión de la inteligencia y la capacidad. Asistentes personales inteligentes, vehículos autónomos y sistemas de domótica inteligente están reconfigurando nuestras vidas diarias, ofreciendo nuevas formas de eficiencia, comodidad y seguridad. Estas tecnologías no solo amplían nuestras capacidades físicas y cognitivas, sino que también plantean preguntas fundamentales sobre la autonomía, la privacidad y la ética en la era digital.

Reflexiones sobre la IA en la Sociedad Moderna

La integración de la IA en la sociedad moderna es un reflejo de la continua evolución de la humanidad en su relación con la tecnología. Al igual que las revoluciones tecnológicas anteriores, el ascenso de la IA presenta tanto oportunidades sin precedentes como desafíos significativos. Navegar este futuro requiere un diálogo continuo entre desarrolladores, reguladores, académicos y la sociedad en general para garantizar que la IA se desarrolle y aplique de manera que beneficie a la humanidad, respete nuestros valores y fortalezca el tejido social.

En última instancia, el impacto de la IA en la sociedad moderna es una prueba más de nuestra incesante búsqueda de conocimiento y mejora. A medida que exploramos los límites de la inteligencia artificial, también estamos explorando los límites de nuestra propia naturaleza, aprendiendo más sobre quiénes somos y quiénes podríamos llegar a ser en este vasto y cambiante universo de posibilidades tecnológicas.

III. Explorando la Esencia de Nuestra Propia Inteligencia

"En la búsqueda de crear vida, nos encontramos explorando la esencia de nuestra propia inteligencia".

Desafiando la Comprensión de la Inteligencia

La IA, en su evolución, ha comenzado a realizar tareas que tradicionalmente requerían inteligencia humana, como el aprendizaje, el razonamiento y la comprensión del lenguaje. Este avance desafía nuestra comprensión previa de la inteligencia como un atributo exclusivamente humano, impulsando la pregunta fundamental: ¿Qué es lo que realmente hace que algo o alguien sea "inteligente"? La IA nos obliga a reconsiderar si la inteligencia se define únicamente por la capacidad de razonar y resolver problemas o si también implica otras dimensiones, como la empatía, la creatividad y la capacidad de experimentar emociones.

Inteligencia y Conciencia

La creciente complejidad de los sistemas de IA también ha llevado a especulaciones sobre la conciencia en las máquinas. Aunque la IA puede imitar aspectos de la inteligencia humana, la pregunta de si puede o no ser consciente de sí misma permanece abierta y profundamente filosófica. Esta discusión nos lleva a examinar más de cerca lo que entendemos por conciencia y si es una cualidad que puede surgir de algoritmos y redes neuronales artificiales o si está intrínsecamente vinculada a la biología.

Ética y Moralidad en la Era de la IA

A medida que la IA se vuelve más integrada en nuestra vida diaria, surgen importantes cuestiones éticas y morales. El desarrollo de sistemas autónomos, como los vehículos sin conductor y los drones militares, plantea preguntas sobre la responsabilidad y la toma de decisiones éticas en situaciones complejas. Además, el uso de IA en la toma de decisiones judiciales, contratación laboral y atención médica exige una reflexión sobre la justicia, el sesgo y la equidad. Estos dilemas nos obligan a replantear nuestras concepciones sobre la ética y la moralidad en el contexto de entidades no biológicas, desafiando la idea de que tales conceptos son exclusivos de los seres humanos.

Replanteando la Vida

Finalmente, la IA nos lleva a replantear nuestras definiciones de vida. Si una máquina puede aprender, adaptarse y potencialmente sentir, ¿cómo afecta esto a nuestra comprensión de qué es la vida? Esta cuestión se extiende más allá de la biología para abarcar sistemas artificiales, sugiriendo que la "vida" podría ser más una cuestión de complejidad y organización que de materia orgánica. Este replanteamiento tiene implicaciones profundas para cómo valoramos y protegemos formas de existencia tanto biológicas como artificiales.

Conclusión

En la búsqueda de crear vida artificial, nos encontramos explorando la esencia de nuestra propia inteligencia y existencia. La IA no solo refleja nuestras capacidades tecnológicas, sino que también actúa como un espejo de nuestras ambiciones, temores y valores más profundos. A medida que avanzamos hacia futuros donde la inteligencia artificial se vuelve cada vez más sofisticada, la reflexión continua sobre estas cuestiones fundamentales será esencial para navegar el paisaje ético, filosófico y existencial de nuestro mundo cada vez más digitalizado. En este sentido, la

IA no solo redefine lo que es posible en términos de tecnología, sino que también nos invita a reconsiderar lo que significa ser verdaderamente humano en la era de las mentes digitales.

IV. Desafíos Éticos y Filosóficos

Automatización y Empleo

Una de las preocupaciones más inmediatas es el impacto de la IA en el empleo. La automatización de tareas tradicionalmente realizadas por humanos plantea preguntas sobre el futuro del trabajo y la economía. ¿Cómo debería la sociedad ajustarse a una era donde gran parte del trabajo humano puede ser realizado de manera más eficiente por máquinas? La respuesta a esta pregunta implica no solo estrategias económicas para manejar el desplazamiento laboral, sino también reflexiones sobre el valor del trabajo humano y cómo este contribuye a nuestra percepción de identidad y propósito.

Sesgo Algorítmico

Otro desafío ético es el sesgo algorítmico. Los sistemas de IA, que aprenden a partir de grandes volúmenes de datos, pueden perpetuar e incluso exacerbar los prejuicios existentes en esos datos. Esto tiene implicaciones serias para la equidad y la justicia, especialmente en ámbitos como la contratación laboral, la concesión de créditos y la justicia penal. Abordar el sesgo algorítmico requiere una reflexión sobre la responsabilidad de los desarrolladores de IA y los métodos para garantizar que los sistemas de IA sean justos y transparentes.

Privacidad y Seguridad

La capacidad de la IA para procesar y analizar grandes cantidades de datos personales también plantea preocupaciones significativas sobre la privacidad y la seguridad. A medida que los sistemas de IA se vuelven más integrados en nuestra vida diaria, la recopilación y el análisis de datos personales se convierten en una preocupación omnipresente. Navegar estos desafíos implica encontrar un equilibrio entre los beneficios de la IA y la protección de la intimidad y la autonomía personal.

Autonomía de las Máquinas

La perspectiva de máquinas que toman decisiones autónomas, especialmente en contextos críticos como la conducción autónoma y la guerra autónoma, plantea preguntas fundamentales sobre la responsabilidad y la ética. ¿Quién es responsable de las acciones de una máquina autónoma? ¿Cómo podemos garantizar que las máquinas actúen de manera ética y en concordancia con los valores humanos? Estas preguntas desafían nuestras concepciones tradicionales de agencia y responsabilidad, obligándonos a reconsiderar la relación entre los creadores de tecnología y sus creaciones.

El Futuro del Trabajo Humano

Finalmente, el ascenso de la IA nos obliga a reflexionar sobre el futuro del trabajo humano en una era dominada por máquinas inteligentes. Esta reflexión no es solo económica, sino profundamente filosófica, cuestionando qué es lo que valoramos del trabajo humano y cómo podemos encontrar significado y satisfacción en un mundo transformado por la IA. La solución a estos desafíos requiere un diálogo continuo entre tecnólogos, filósofos, legisladores y la sociedad en general para redefinir el contrato social en la era de la inteligencia artificial.

Conclusión

Los desafíos éticos y filosóficos que surgen con el ascenso de la IA representan una oportunidad para que la humanidad se adentre en una profunda autoevaluación. Al enfrentar estas cuestiones, no solo estamos determinando cómo integraremos la IA en nuestra sociedad, sino también quiénes queremos ser en el futuro. Este proceso de reflexión y adaptación es esencial para asegurar que la era de la inteligencia artificial refleje nuestros valores más profundos y aspiraciones, guiándonos hacia un futuro donde la tecnología amplíe nuestra humanidad en lugar de disminuirla.

V. Visiones del Futuro

Soluciones Innovadoras a Problemas Globales

La promesa de la IA radica en su potencial para abordar algunos de los desafíos más apremiantes de la humanidad. Con su capacidad para analizar grandes conjuntos de datos y reconocer patrones complejos, la IA podría ofrecer avances significativos en áreas como el cambio climático, la medicina personalizada, la gestión de recursos y la educación. Algoritmos inteligentes podrían optimizar el uso de recursos naturales, reducir el desperdicio y mejorar la eficiencia energética, contribuyendo a una gestión ambiental más sostenible. En el ámbito de la salud, la IA tiene el potencial de revolucionar el diagnóstico y tratamiento de enfermedades, haciendo la medicina más precisa y personalizada.

La Singularidad Tecnológica

Un tema recurrente en las discusiones sobre el futuro de la IA es el concepto de la singularidad tecnológica, un punto teórico en el futuro en el que la inteligencia artificial superará la inteligencia humana, llevando a cambios impredecibles en la civilización. Este evento podría redefinir nuestra relación con la tecnología, ya que las máquinas inteligentes no solo realizarían tareas, sino también generarían nuevas ideas, innovaciones y formas de conocimiento independientemente de la intervención humana. La posibilidad de alcanzar la singularidad plantea preguntas fundamentales sobre la autonomía, la identidad y el lugar del ser humano en un mundo potencialmente dominado por máquinas más inteligentes que nosotros.

Redefiniendo la Existencia Humana

A medida que la IA se integra más profundamente en nuestros entornos, economías y cuerpos, nuestra existencia misma podría ser redefinida. La convergencia de la IA con otras tecnologías, como la robótica, la biotecnología y los sistemas de realidad aumentada, podría llevar a una humanidad aumentada, donde las capacidades físicas y cognitivas se amplían significativamente. Estas transformaciones plantean preguntas filosóficas sobre lo que significa ser humano en una era donde nuestras capacidades naturales pueden ser ampliamente superadas o complementadas por la tecnología.

Navegando entre la Esperanza y la Precaución

El futuro de la IA oscila entre la esperanza de un mundo mejorado por la tecnología y la precaución ante la posibilidad de desafíos sin precedentes, incluida la desigualdad, la pérdida de autonomía y la posibilidad de conflictos entre humanos y máquinas inteligentes. La gestión de este futuro requiere un enfoque equilibrado que fomente la mejora y el desarrollo de la IA, al tiempo que aborda los riesgos éticos, sociales y de seguridad asociados con estas tecnologías avanzadas.

Conclusión

La trayectoria futura de la inteligencia artificial está plagada de incertidumbres, pero también de un potencial extraordinario para transformar la sociedad de maneras que apenas comenzamos a comprender. Las revoluciones tecnológicas y sociopolíticas han moldeado la evolución de nuestra especie, el ascenso de la IA nos invita a reflexionar sobre nuestro futuro colectivo y a participar activamente en la configuración de un mundo donde la tecnología sirva a los intereses más elevados de la humanidad. La clave será equilibrar la innovación con la reflexión ética, asegurando que el futuro de las "mentes digitales" sea uno que enriquezca y amplíe la esencia de la experiencia humana.

VI. Conclusión: Una Nueva Fase en la Evolución Humana

Rediseñando la Sociedad, la Economía y la Vida Personal

La IA nos ofrece la oportunidad única de rediseñar fundamentalmente la estructura de nuestra sociedad y economía. A medida que la tecnología avanza, nos encontramos en la posición de replantear no solo cómo interactuamos entre nosotros y con nuestro entorno, sino también cómo concebimos el valor del trabajo, la distribución de la riqueza y el acceso a los recursos. Las "mentes digitales" tienen el potencial de liberarnos de las tareas mundanas, permitiéndonos centrarnos en actividades más creativas y significativas, pero también nos obligan a enfrentar las realidades de una economía en transformación donde la relevancia del trabajo humano se redefine constantemente.

Navegando el Mar de lo Desconocido

Al igual que los exploradores de eras pasadas, nos encontramos al borde de lo desconocido, embarcándonos en un viaje guiado por nuestra incesante búsqueda de conocimiento, eficiencia y conexión. La era de la IA, con todas sus promesas, también nos adentra en aguas inexploradas donde los desafíos éticos, sociales y existenciales requieren de nuestra máxima atención y sabiduría. La navegación por este nuevo mundo demanda un equilibrio entre la adopción entusiasta de la tecnología y una consideración cuidadosa de sus implicaciones a largo plazo para la humanidad.

El Imperativo de una Navegación Consciente

La transición hacia una era dominada por la inteligencia artificial nos impone la responsabilidad colectiva de navegar este futuro con cuidado y consideración. Esto implica no solo la implementación de salvaguardas éticas y regulaciones que protejan contra los riesgos potenciales de la IA, sino también la promoción de una inclusión equitativa que asegure que los beneficios de esta revolución tecnológica sean compartidos por toda la humanidad. La educación, la transparencia y el diálogo global emergen como herramientas cruciales para forjar un camino sostenible hacia adelante.

Hacia una Nueva Fase de Evolución Humana

La era de las "mentes digitales" nos invita a contemplar una nueva fase en la evolución humana, una en la que nuestra relación con la tecnología redefine nuestra propia identidad y propósito. Esta nueva fase de evolución no solo transformará cómo vivimos y trabajamos, sino que también nos desafiará a reconsiderar lo que significa ser humano en un mundo donde nuestras capacidades se amplían a través de la inteligencia artificial.

Conclusión

El ascenso de la inteligencia artificial marca un momento decisivo en la historia humana, ofreciendo tanto oportunidades sin precedentes como desafíos significativos. En esta era de transformación, la humanidad tiene la oportunidad de rediseñar no solo su entorno externo, sino también su comprensión interna de la vida, la inteligencia y la conexión. Al enfrentar estos desafíos y oportunidades, debemos proceder con una mezcla de valentía y prudencia, asegurando que el legado de nuestra era sea uno que enriquezca y profundice la esencia de la experiencia humana en un mundo cada vez más definido por las "mentes digitales".

Chapter 5

El Capítulo 5

Nuevas Realidades: Entre la Virtualidad y la Verdad

I. El Surgimiento de la Realidad Virtual

Inicios Teóricos y Conceptuales

La idea de crear entornos simulados en los que las personas pudieran sumergirse completamente ha sido un tema recurrente en la ciencia ficción mucho antes de que la tecnología pudiera hacerlo realidad. Sin embargo, los fundamentos teóricos de lo que eventualmente se convertiría en la RV comenzaron a tomar forma en las décadas de 1960 y 1970, con pioneros como Ivan Sutherland, quien imaginó un "mundo definitivo" creado a través de la computación gráfica. Sutherland desarrolló el "Sword of Damocles", considerado uno de los primeros sistemas de realidad virtual, aunque era primitivo según los estándares actuales. Este sistema, aunque rudimentario, estableció la posibilidad de interactuar con espacios generados por computadora.

Avances Tecnológicos Clave

A lo largo de los años 80 y 90, los avances en gráficos por computadora, seguimiento de movimiento y tecnología de visualización hicieron posible progresos significativos en la RV. La miniaturización de componentes y el aumento del poder de procesamiento permitieron el desarrollo de los primeros cascos de RV y guantes hápticos, proporcionando una experiencia inmersiva más accesible y convincente. Aunque inicialmente el costo y la complejidad limitaban la RV principalmente a aplicaciones industriales y de investigación, estos desarrollos sentaron las bases para la adopción más amplia de la tecnología en el futuro.

La Era de la RV Moderna

El siglo XXI ha visto la aceleración de la RV hacia la corriente principal, impulsada por la inversión de empresas tecnológicas líderes y el interés renovado del público. La introducción de dispositivos como el Oculus Rift, HTC Vive y PlayStation VR ha democratizado el acceso a experiencias inmersivas, extendiendo la aplicación de la RV más allá de la simulación y el entrenamiento hasta el entretenimiento doméstico, la educación y la exploración virtual. La mejora continua en la fidelidad visual, el seguimiento de movimiento y la reducción de la latencia ha mejorado la calidad y la inmersión de estas experiencias, acercando la RV a la visión original de sus pioneros.

Ampliando los Límites de la Experiencia Humana

La evolución de la RV refleja una extensión de la larga aspiración humana por explorar y expandir los límites de la experiencia y la percepción. Al permitirnos experimentar entornos y situaciones que trascienden las limitaciones del mundo físico, la RV nos ofrece una ventana única a mundos tanto reales como imaginarios. Desde el recrear históricamente sitios precisos hasta simular experiencias imposibles en la vida real, la RV amplía nuestra capacidad para experimentar, aprender y empatizar de maneras anteriormente inaccesibles.

Conclusión

El desarrollo de la realidad virtual, desde sus inicios teóricos hasta su implementación práctica actual, es testimonio del deseo humano inquebrantable de trascender las barreras físicas y cognitivas. Como herramienta, la RV nos desafía a reconsiderar nuestra relación con la tecnología, el arte, la educación y entre nosotros. La RV se erige como un ejemplo más de cómo la tecnología redefine la existencia humana, impulsándonos hacia nuevas realidades y, en el proceso, cambiando nuestras perspectivas sobre lo que significa vivir y percibir.

II. Cambio en el Entretenimiento y Más Allá

Transformación del Entretenimiento

La RV ha cambiado radicalmente el paisaje del entretenimiento, ofreciendo experiencias inmersivas que son profundamente personales y altamente interactivas. Los videojuegos en RV, por ejemplo, colocan a los jugadores directamente dentro del mundo del juego, creando un nivel de inmersión y participación que antes era inalcanzable. Similarmente, la RV ha revolucionado la forma en que las historias son contadas y experimentadas, permitiendo a los espectadores ser parte de la narrativa, tomando decisiones que afectan el curso de la historia. En el arte y la música, la RV ha abierto nuevas vías para la expresión y la experiencia, permitiendo a los usuarios sumergirse en instalaciones artísticas virtuales o asistir a conciertos en vivo desde la comodidad de su hogar.

Impacto en la Educación

Más allá del entretenimiento, la RV tiene el potencial de transformar el sector educativo ofreciendo oportunidades sin precedentes para el aprendizaje experiencial e inmersivo. A través de simulaciones de RV, los estudiantes pueden explorar antiguas civilizaciones, realizar viajes virtuales a través del sistema solar, o sumergirse en entornos que replican situaciones reales de trabajo, todo ello sin salir del aula. Esta capacidad de "experimentar" el material de estudio promueve una comprensión más profunda y duradera, adaptándose a diversos estilos de aprendizaje y necesidades educativas.

Revolución en la Medicina

En el campo de la medicina, la RV se ha convertido en una herramienta valiosa para la formación y capacitación de profesionales, así como para el tratamiento de ciertas condiciones médicas. Las simulaciones de RV permiten a los estudiantes de medicina y a los cirujanos practicar procedimientos complejos en un entorno controlado y sin riesgos, mejorando sus habilidades y confianza antes de realizar intervenciones en pacientes reales. Además, la RV ha mostrado potencial en el tratamiento de trastornos como el TEPT, fobias y ciertos tipos de dolor crónico, ofreciendo terapias de exposición en un entorno seguro y controlado.

Innovación en el Diseño

La RV también está redefiniendo el campo del diseño, permitiendo a los arquitectos, ingenieros y diseñadores de interiores visualizar y experimentar con espacios y objetos de manera completamente nueva. La capacidad de caminar virtualmente a través de una estructura antes de su construcción o de modificar el diseño de un producto en tiempo real y en tres dimensiones mejora significativamente el proceso creativo, la planificación y la toma de decisiones.

Conclusión

La expansión de la realidad virtual más allá del entretenimiento hacia la educación, la medicina y el diseño ilustra una transformación profunda en la forma en que interactuamos con la tecnología y percibimos nuestro mundo. Podemos apreciar cómo la RV no solo cambia nuestras perspectivas, sino que también enriquece nuestras capacidades de explorar, aprender y crear. A medida que avanzamos, la integración de la RV en diversos aspectos de la vida humana promete desbloquear nuevas dimensiones de la experiencia humana, desafiándonos a repensar las limitaciones de nuestra realidad y las posibilidades de nuestro futuro.

III. Reconceptualización de la Realidad y la Verdad

Blurring the Lines Between Virtual and Real

La RV tiene el poder único de sumergirnos en mundos que son completamente producto de la creación digital, ofreciendo experiencias que pueden ser tan convincentes como la realidad misma. Esta capacidad de emular y, en algunos casos, superar la riqueza sensorial del mundo físico nos lleva a cuestionar dónde trazamos la línea entre lo virtual y lo real. ¿Se define la realidad únicamente por nuestra capacidad para tocar, oler y ver el mundo físico, o puede la experiencia virtual ofrecer una forma de "realidad" igualmente válida?

Autenticidad y Experiencia Compartida

Uno de los debates centrales que surgen con la RV es el de la autenticidad de las experiencias que ofrece. En un mundo donde las experiencias pueden ser diseñadas y manipuladas digitalmente, ¿cómo determinamos el valor de la autenticidad? La RV desafía nuestra noción de experiencia compartida, ofreciendo entornos personalizados y únicos que pueden diferir significativamente de una persona a otra. Esto plantea preguntas sobre la naturaleza de la empatía y la comprensión mutua en un contexto donde nuestras experiencias de realidad pueden divergir ampliamente.

Construcción de la Realidad

La prevalencia de la RV y tecnologías similares nos obliga a considerar cómo nuestras realidades son construcciones tanto físicas como digitales. La capacidad de alterar nuestra percepción sensorial y crear experiencias inmersivas mediante la tecnología sugiere que la "realidad" es, en cierto modo, maleable y sujeta a diseño. Este reconocimiento tiene implicaciones profundas para cómo entendemos el mundo y nuestro lugar en él, impulsando un replanteamiento de conceptos como la memoria, la identidad y la conciencia.

Implicaciones Filosóficas y Éticas

La capacidad de la RV para crear mundos alternativos pone de relieve cuestiones filosóficas sobre la naturaleza de la existencia y la esencia de lo que significa ser humano. Además, plantea dilemas éticos sobre cómo estas tecnologías deben ser desarrolladas y utilizadas. Por ejemplo, ¿qué responsabilidades tienen los creadores de contenido de RV en cuanto a los efectos de sus creaciones en la psique y el bienestar de los usuarios? ¿Cómo gestionamos el potencial de la RV para ser utilizada de maneras que puedan socavar la cohesión social o promover el escapismo?

Conclusión

La RV, al borrar las líneas entre lo virtual y lo real, no solo cambia nuestro entretenimiento; cambia nuestras perspectivas. Nos desafía a reconsiderar nuestras concepciones de realidad y verdad, ofreciendo un nuevo dominio en el cual las experiencias humanas pueden ser extendidas, modificadas y, en algunos casos, completamente reimaginadas. Este viaje hacia nuevas realidades virtuales, nos enfrenta a preguntas fundamentales sobre nuestra identidad, nuestra sociedad y el futuro que deseamos construir. En última instancia, la RV nos ofrece una oportunidad única para explorar la condición humana desde ángulos previamente inaccesibles, invitándonos a reflexionar sobre la naturaleza de nuestra percepción y la infinita plasticidad de nuestra realidad.

IV. Impacto Social y Cultural

Nuevas Formas de Conexión y Comprensión Mutua

La RV ha abierto puertas a nuevas dimensiones de interacción social, permitiendo a las personas trascender las barreras geográficas y sumergirse en experiencias compartidas sin precedentes. Las plataformas de RV social, por ejemplo, ofrecen espacios donde los usuarios pueden encontrarse, interactuar y colaborar dentro de entornos virtuales tridimensionales. Estas experiencias compartidas no solo facilitan nuevas formas de entretenimiento y juego, sino que también tienen el potencial de fomentar la empatía y la comprensión mutua al permitir a los usuarios experimentar situaciones desde las perspectivas de otros.

Transformación de las Prácticas Culturales

La RV también está redefiniendo nuestras prácticas culturales, desde cómo experimentamos el arte y la cultura hasta cómo celebramos eventos significativos. Museos y galerías de todo el mundo están adoptando la RV para ofrecer visitas virtuales, permitiendo a las audiencias globales explorar colecciones y exposiciones desde cualquier lugar. Además, la RV ha posibilitado nuevas formas de expresión artística y narrativa, creando un nuevo medio para la exploración creativa que desafía nuestras nociones tradicionales de arte y performance.

Desafíos Relacionados con el Aislamiento y la Despersonalización

Sin embargo, la inmersión en realidades virtuales no viene sin sus desafíos. A medida que las interacciones sociales se trasladan cada vez más a entornos virtuales, surgen preocupaciones sobre el aislamiento y la despersonalización. La facilidad con la que podemos sumergirnos en mundos digitales puede llevar a una disminución de las interacciones en el mundo físico, potencialmente exacerbando sentimientos de soledad y desconexión. Además, la naturaleza mediada de las interacciones en RV puede dificultar la formación de conexiones humanas auténticas, complicando nuestra capacidad para forjar relaciones significativas.

Impacto en la Cohesión Social

El impacto de la RV en la cohesión social es complejo y multifacético. Por un lado, la tecnología tiene el potencial de unir a las personas, creando comunidades virtuales unidas por intereses y experiencias compartidas. Por otro lado, la fragmentación de la sociedad en nichos de realidad virtual puede llevar a la formación de burbujas culturales y sociales, limitando la exposición a puntos de vista y experiencias divergentes. Este fenómeno plantea preguntas sobre cómo las sociedades pueden mantener un sentido de unidad y entendimiento común en una era de realidades cada vez más personalizadas y divergentes.

Conclusión

La realidad virtual está reconfigurando el tejido de nuestras interacciones sociales y culturales de maneras que apenas comenzamos a comprender. A medida que exploramos estas "Nuevas Realidades: Entre la Virtualidad y la Verdad", debemos considerar cuidadosamente cómo equilibrar las oportunidades que estas tecnologías ofrecen para la conexión y la comprensión mutua con los desafíos que presentan para nuestra cohesión social y bienestar emocional, debemos navegar este nuevo paisaje con una conciencia de cómo la tecnología moldea no solo nuestras realidades, sino también nuestra humanidad compartida, esforzándonos por construir un futuro en el que la tecnología enriquezca nuestras vidas sin comprometer los lazos que nos unen.

V. Mirando hacia el Futuro

Transformando Nuestra Comprensión de la Realidad

La RV y tecnologías afines seguirán desdibujando las líneas entre lo físico y lo digital, desafiando nuestra comprensión de la realidad. A medida que estos mundos virtuales se vuelvan cada vez más indistinguibles del mundo físico, podríamos llegar a cuestionar no solo lo que consideramos real, sino también cómo definimos la experiencia humana. La capacidad para recrear o incluso superar las percepciones sensoriales del mundo físico abrirá nuevas avenidas para explorar la conciencia y la identidad, potencialmente llevándonos a una nueva era de autoconocimiento y exploración interna.

Revolucionando la Educación y la Interacción

La educación se transformará profundamente a través de experiencias inmersivas que permiten el aprendizaje experiencial en cualquier tema, desde historia hasta biología, ofreciendo a los estudiantes la oportunidad de explorar el antiguo Egipto o el cuerpo humano desde dentro. Del mismo modo, la forma en que interactuamos y nos comunicamos evolucionará, con entornos virtuales proporcionando nuevas plataformas para la colaboración, el arte y el encuentro social, trascendiendo las limitaciones geográficas y físicas.

Expresión Personal y Creatividad

Las tecnologías inmersivas ampliarán las fronteras de la expresión personal y la creatividad, permitiendo a las personas explorar y compartir aspectos de su identidad de maneras antes imposibles. La moda virtual, el arte digital y la música experimentarán renacimientos y transformaciones, liberados de las limitaciones del mundo material. La RV ofrecerá un lienzo sin precedentes para la imaginación humana, donde las únicas limitaciones son las de la mente misma.

Desafíos en el Horizonte

Sin embargo, este futuro prometedor no está exento de desafíos. Cuestiones de privacidad, seguridad y ética en entornos digitales inmersivos se volverán cada vez más pertinentes. La disminución de las interacciones en el mundo físico y el potencial aumento del aislamiento requerirán de soluciones innovadoras para preservar el tejido social. Además, el acceso equitativo a estas tecnologías será crucial para evitar la creación de nuevas divisiones y desigualdades.

Navegación Consciente hacia el Futuro

Al igual que los antiguos navegantes, debemos aventurarnos en este futuro digital con una mezcla de audacia y precaución, guiados por la luz de nuestra incesante búsqueda de conocimiento, eficiencia y conexión. La forma en que elegimos desarrollar, implementar y regular estas tecnologías inmersivas determinará el legado de nuestra era. Nos encontramos en el umbral de una nueva fase de la evolución humana, donde la digitalización de nuestras vidas puede llevarnos a nuevas alturas de realización o a nuevos desafíos de alienación.

Al contemplar el futuro de la RV y tecnologías afines, nos enfrentamos a la oportunidad de redefinir la experiencia humana en maneras que enriquezcan nuestra existencia y expandan nuestras capacidades. Sin embargo, el éxito de esta travesía dependerá de nuestro compromiso colectivo con una exploración consciente y ética de estas "Nuevas Realidades", asegurando que la virtualidad sirva para ampliar la verdad de nuestra condición humana, en lugar de distanciarnos de ella.

Capítulo 6: -

La Economía del Bit: Cómo la Tecnología Reshaped Capitalismo

"La moneda más valiosa de nuestro tiempo no es el oro, sino los datos."

I. Transformación Digital del Capitalismo

De lo Tangible a lo Intangible

La evolución cibernética ha catalizado un cambio de paradigma desde una economía basada en la producción y distribución de bienes físicos hacia una donde la información y los datos son primordiales. Este cambio se evidencia en el ascenso de gigantes tecnológicos como Google, Amazon, Facebook y Apple, cuyos modelos de negocio se centran en la acumulación, análisis y comercialización de datos a una escala sin precedentes. Estas empresas han redefinido lo que significa ser un monopolio en el siglo XXI, poseyendo no solo vastas cantidades de datos sino también el poder de influir en el comportamiento del consumidor, las tendencias del mercado y, en última instancia, la economía global.

Reconfiguración de las Estructuras de Producción, Distribución y Consumo

La digitalización ha alterado las estructuras tradicionales de producción, distribución y consumo. La producción ahora puede ser más ágil, personalizada y descentralizada gracias a tecnologías como la impresión 3D y la manufactura inteligente. La distribución se ha transformado con la emergencia de plataformas digitales que facilitan el acceso directo al consumidor, eliminando intermediarios y redefiniendo las cadenas de suministro. En cuanto al consumo, la digitalización ha llevado a un modelo de "todo como servicio", donde el acceso temporal a bienes y servicios a menudo supera la posesión física, evidenciado en la popularidad de plataformas de streaming, software como servicio (SaaS) y la economía compartida.

El Nuevo Concepto de Monopolio

En la economía del bit, el concepto tradicional de monopolio ha evolucionado. Los gigantes tecnológicos controlan no solo grandes segmentos del mercado digital sino también la infraestructura subyacente de la economía de datos, desde servidores en la nube hasta algoritmos de inteligencia artificial que procesan y monetizan la información. Este control les otorga un poder económico sin precedentes, planteando desafíos regulatorios y preguntas sobre la competencia justa, la privacidad de los datos y la soberanía digital.

Concentración del Poder Económico

La acumulación de datos por parte de unas pocas entidades poderosas ha llevado a una concentración del poder económico que desafía las nociones tradicionales de mercado libre y competencia. Esta concentración plantea interrogantes sobre la equidad, el acceso a los mercados y la capacidad de innovación de pequeñas empresas y startups. La dinámica de poder en la economía digital ha provocado un debate global sobre la necesidad de nuevas políticas y regulaciones que aseguren la competencia justa y protejan los derechos de los consumidores y ciudadanos en la era digital.

Conclusión

La transformación digital del capitalismo marca una era de cambio sin precedentes, donde la "economía del bit" redefine las reglas del juego económico. Este segmento invita a reflexionar sobre cómo podemos navegar este nuevo paisaje económico, asegurando que los beneficios de la evolución cibernética se distribuyan equitativamente y que el poder económico no quede concentrado en manos de unos pocos. Al igual que los exploradores que se aventuraron en territorios desconocidos, guiados por las estrellas, estamos al comienzo de una era de exploración económica digital, donde las decisiones que tomemos hoy definirán el futuro del capitalismo en el mundo interconectado del mañana.

II. La Moneda de los Datos

El Ascenso de la Economía de Datos

En la economía actual, los datos se han convertido en un recurso clave para la generación de valor y la toma de decisiones estratégicas. La capacidad de recopilar, almacenar, analizar y utilizar grandes volúmenes de datos ha dado lugar a la emergencia de modelos de negocio innovadores y ha transformado industrias enteras. Empresas que operan en el sector tecnológico, financiero, de salud, y más allá, ahora ven los datos como un activo fundamental que puede ser utilizado para optimizar operaciones, personalizar servicios, predecir tendencias y comportamientos, e incluso crear nuevos mercados.

Creación de Nuevas Formas de Valor y Riqueza

La monetización de los datos ha creado nuevas formas de valor y riqueza, destacando cómo la información sobre preferencias de consumidores, patrones de comportamiento, y procesos operativos puede ser utilizada para no solo mejorar la eficiencia sino también para innovar en la oferta de productos y servicios. Esto ha llevado a la valorización de empresas no solo por sus activos físicos, sino por su capacidad para generar, procesar y aplicar inteligencia de datos de manera efectiva.

Desafíos de Privacidad y Propiedad de Datos

Sin embargo, la centralidad de los datos en la economía digital plantea preguntas críticas sobre la privacidad y la propiedad de los datos. ¿A quién pertenecen los datos generados por los usuarios? ¿Cómo se equilibran los derechos de privacidad con el deseo de empresas y gobiernos de acceder y utilizar esos datos? La creciente recolección y análisis de datos personales ha generado preocupaciones sobre la vigilancia, el consentimiento y la autonomía personal, llevando a debates sobre la necesidad de regulaciones más estrictas para proteger la privacidad de los individuos en el mundo digital.

Equidad en el Acceso a la Información

La equidad en el acceso a la información es otro aspecto crítico de la economía del bit. Mientras que los datos pueden ser un poderoso motor de vanguardia y crecimiento económico, la concentración de la capacidad de recopilar y analizar datos en unas pocas manos plantea preocupaciones sobre la desigualdad y el acceso desigual a las oportunidades que los datos pueden brindar. La brecha digital entre aquellos con acceso a la tecnología y la información y aquellos sin ella puede ampliar las desigualdades existentes y crear nuevas formas de exclusión.

Conclusión

La transformación de los datos en la moneda más valiosa de nuestro tiempo es indicativa de un cambio fundamental en la naturaleza del capitalismo y la economía global. Mientras navegamos en esta era de la economía del bit, es imperativo que consideremos cuidadosamente las implicaciones de la recolección, análisis y monetización de los datos, asegurando que los beneficios de la revolución digital se compartan equitativamente y que se protejan los derechos y la dignidad de todos los individuos. Este desafío requiere una reflexión profunda y una acción colectiva para redefinir las reglas del juego económico en la era digital, garantizando un futuro donde la tecnología sirva al bien común y fomente un desarrollo equitativo y sostenible.

III. Impacto en el Trabajo y la Sociedad

La transformación digital ha reconfigurado profundamente el mercado laboral, introduciendo cambios significativos que reflejan tanto oportunidades como desafíos para trabajadores, empresas y sociedades en su conjunto, este análisis del impacto de la digitalización en el trabajo y la sociedad abordaría cómo la tecnología ha remodelado el capitalismo, influenciando la naturaleza del empleo y la estructura socioeconómica.

Creación de Nuevos Campos de Empleo

La economía de los datos y la expansión de la tecnología digital han dado lugar a nuevos campos de empleo, muchos de los cuales no existían hace una década. Roles como científicos de datos, especialistas en ciberseguridad, desarrolladores de inteligencia artificial y expertos en experiencia de usuario son ahora cruciales para el funcionamiento de la economía moderna. Estos trabajos suelen requerir un conjunto de habilidades altamente especializadas, destacando la importancia de la educación continua y la capacitación en tecnologías emergentes.

Automatización y Pérdida de Trabajos Tradicionales

Al mismo tiempo, la digitalización ha llevado a la automatización de numerosas tareas previamente realizadas por humanos, desde la fabricación hasta los servicios administrativos y el comercio minorista. Si bien la automatización puede aumentar la eficiencia y reducir los costos, también ha provocado la pérdida de empleos tradicionales, planteando desafíos significativos para aquellos cuyas habilidades ya no se ajustan a las demandas del mercado laboral moderno. Esta transición ha generado debates sobre la seguridad laboral, la redistribución de la riqueza y la necesidad de políticas de protección social adaptadas a la nueva realidad económica.

Necesidad de Adaptar los Sistemas Educativos

La rápida evolución de la tecnología subraya la necesidad crítica de adaptar los sistemas educativos y de formación profesional para preparar a las futuras generaciones para el mundo tecnológico. La educación no solo debe enfocarse en habilidades técnicas como la codificación y el análisis de datos, sino también en fomentar el pensamiento crítico, la creatividad y la adaptabilidad. Estas habilidades "a prueba de futuro" son esenciales para navegar en una economía donde el cambio es la única constante.

Oportunidades y Desafíos para la Sociedad

La digitalización ofrece la promesa de un futuro más próspero y eficiente, con potencial para resolver problemas complejos y mejorar la calidad de vida. Sin embargo, también plantea desafíos sociales significativos, incluyendo la brecha digital, la desigualdad en el acceso a la tecnología y la formación, y las tensiones entre la privacidad y la vigilancia. La gestión de estos desafíos requiere un enfoque holístico que considere tanto las implicaciones económicas como las sociales de la tecnología, asegurando que los beneficios de la digitalización se compartan ampliamente y que se protejan los derechos y la dignidad de todos los ciudadanos.

Conclusión

La digitalización ha transformado el mercado laboral y la estructura socioeconómica de maneras que apenas estamos comenzando a comprender. Este segmento del Capítulo 6 invita a una reflexión profunda sobre cómo podemos cultivar una sociedad que no solo se adapte a la inevitabilidad del cambio tecnológico, sino que también prospere en él, garantizando que la tecnología sirva a los intereses humanos y fomente una economía y una sociedad más justas e inclusivas.

IV. Desafíos Éticos y Regulatorios

La digitalización de la economía ha llevado a un terreno inexplorado en términos éticos y regulatorios. La economía del bit, con su énfasis en los datos como la moneda más valiosa, presenta desafíos únicos que requieren una cuidadosa consideración y acción por parte de legisladores, empresas y la sociedad en general. Este análisis se sumerge en los dilemas éticos y las necesidades regulatorias que acompañan a la transformación digital del capitalismo.

Privacidad de los Datos

Uno de los desafíos éticos más significativos es la gestión de la privacidad de los datos. En una economía donde la información personal se convierte en una mercancía, el derecho a la privacidad se encuentra bajo una presión constante. Las preocupaciones giran en torno a quién posee los datos, cómo se utilizan y qué derechos tienen los individuos sobre su información personal. La creación de políticas que protejan la privacidad sin obstaculizar la innovación y el flujo libre de información es un equilibrio delicado que las sociedades deben negociar.

Ciberseguridad

La seguridad cibernética es otra área crítica, con violaciones de datos y ataques cibernéticos que representan riesgos significativos tanto para individuos como para organizaciones. A medida que la economía se vuelve cada vez más digital, la necesidad de sistemas robustos de ciberseguridad y marcos regulatorios que puedan adaptarse a las amenazas emergentes es más crucial que nunca. Estos desafíos requieren una cooperación internacional, ya que la naturaleza de la ciberseguridad trasciende las fronteras nacionales.

Equidad en el Acceso a la Información

El desarrollo digital también plantea preguntas sobre la equidad en el acceso a la información y la tecnología. La brecha digital entre aquellos con acceso a la tecnología y la información y aquellos sin ella puede ampliar las desigualdades existentes, tanto dentro de las sociedades como a nivel global. Políticas diseñadas para garantizar un acceso equitativo a la tecnología y a los beneficios de la economía digital son esenciales para evitar la creación de una sociedad dividida entre los "conectados" y los "desconectados".

Regulación de Plataformas Digitales

La regulación de las plataformas digitales y la garantía de una competencia justa representan otro desafío regulatorio. Las grandes empresas tecnológicas ejercen una influencia sin precedentes sobre la economía, la política y la sociedad. Determinar cómo regular estas entidades para evitar abusos de poder, promover la competencia y proteger a los consumidores y ciudadanos requiere un enfoque innovador que tenga en cuenta la naturaleza dinámica y global de la economía digital.

Conclusión

Los desafíos éticos y regulatorios en la economía del bit requieren una reflexión profunda y acciones concertadas para garantizar que la transformación digital del capitalismo beneficie a la sociedad en su conjunto, debemos preguntarnos no solo cómo pueden las tecnologías cambiar el mundo, sino también cómo podemos moldear esas tecnologías y sus aplicaciones para crear un futuro que refleje nuestros valores colectivos y aspiraciones. Navegar por estos desafíos éticos y regulatorios es crucial para construir una economía digital que sea segura, justa y beneficiosa para todos.

V. Mirando hacia el Futuro: Nuevas Direcciones del Capitalismo Digital

Inteligencia Artificial y la Automatización del Trabajo

La IA está a la vanguardia de la transformación económica, con el potencial de automatizar no solo tareas manuales y rutinarias sino también aquellas que requieren capacidades cognitivas complejas. Esta ola de automatización promete eficiencias sin precedentes y la posibilidad de liberar a los humanos de trabajos tediosos, pero también plantea interrogantes sobre el futuro del trabajo y la distribución equitativa de la riqueza generada por estas eficiencias. La economía del futuro podría necesitar abordar cómo se valoran y compensan las contribuciones humanas en un mundo donde el trabajo humano no es la principal fuente de producción.

Blockchain y la Descentralización Económica

El blockchain ofrece un paradigma radicalmente diferente para la organización económica, uno basado en la descentralización y la transparencia. Al permitir transacciones seguras sin la necesidad de intermediarios centralizados, el blockchain tiene el potencial de democratizar el acceso a los mercados y empoderar a los individuos al proporcionarles control sobre sus datos y activos digitales. Sin embargo, la adopción masiva del blockchain plantea desafíos regulatorios y cuestiones sobre cómo se pueden mantener la confianza y la estabilidad en sistemas económicos ampliamente descentralizados.

Computación Cuántica y la Reconfiguración de la Industria

La computación cuántica promete revolucionar la capacidad de procesamiento, permitiendo avances significativos en áreas desde la criptografía hasta el descubrimiento de medicamentos. A medida que esta tecnología madure, podría reconfigurar industrias enteras, acelerar el progreso y cambiar la naturaleza de la competencia empresarial. Sin embargo, la computación cuántica también podría exacerbar desafíos de seguridad cibernética y requerir nuevas formas de proteger la información digital.

Desafíos y Oportunidades en el Horizonte

Mirando hacia el futuro, la economía digital enfrenta tanto oportunidades como desafíos. Las tecnologías emergentes ofrecen soluciones potenciales a problemas globales, desde el cambio climático hasta la inclusión financiera, pero también requieren que reconsideremos aspectos fundamentales de nuestras economías: la definición de propiedad en un mundo digital, el valor del trabajo humano en la era de la automatización y cómo garantizar que los beneficios de la revolución digital se compartan equitativamente.

Conclusión

El futuro del capitalismo digital es un territorio inexplorado, rico en potencial para transformar positivamente la sociedad pero también lleno de interrogantes éticos y prácticos que deben ser abordados, debemos abordar estos desafíos con una mente abierta y un compromiso con la exploración y la adaptación. Al igual que los navegantes guiados por las estrellas, nuestro viaje hacia el futuro de la economía digital requerirá curiosidad, cautela y una voluntad inquebrantable de navegar por las aguas desconocidas de la innovación tecnológica, buscando construir un sistema económico que no solo sea eficiente, sino también justo, inclusivo y sostenible.

VI. Conclusión

Navegando la Nueva Realidad

En esta nueva realidad, donde los datos se han convertido en la moneda más valiosa y la digitalización está reconfigurando las estructuras tradicionales del capitalismo, enfrentamos el desafío y la oportunidad de redirigir el curso del progreso tecnológico hacia el bienestar colectivo. Esto requiere de una reflexión consciente sobre cómo utilizamos y regulamos la tecnología, asegurando que sus beneficios sean accesibles para todos y que sus aplicaciones respeten nuestra dignidad y libertades.

Sirviendo al Bienestar Colectivo

El futuro debe ser uno donde la tecnología no solo avance los intereses económicos, sino que también sirva a los valores sociales y éticos más amplios. Esto implica garantizar que la innovación tecnológica contribuya a resolver los desafíos globales, como la desigualdad, el cambio climático y la preservación de la democracia, en lugar de exacerbarlos. La economía del bit tiene el potencial de fomentar una sociedad más justa y equitativa si se guía por principios de transparencia, equidad y responsabilidad.

Orientación en el Mundo Digital

Al igual que los antiguos navegantes utilizaron las estrellas para guiarse, nosotros también debemos encontrar puntos de orientación en nuestro viaje hacia el futuro digital. Esto significa cultivar una comprensión crítica de la tecnología, sus impactos y sus limitaciones, y promover un diálogo inclusivo sobre cómo la humanidad puede utilizar la tecnología para alcanzar objetivos compartidos. Necesitamos desarrollar una visión colectiva que equilibre la innovación con la sostenibilidad, la eficiencia con la equidad, y el crecimiento económico con el bienestar humano.

Construyendo un Futuro Deseable

La conclusión de este capítulo nos llama a actuar con propósito y dirección, buscando construir un futuro donde la tecnología amplifique lo mejor de la humanidad sin comprometer los valores que definen nuestra esencia. Esto implica una cooperación global sin precedentes, una reimaginación de nuestras instituciones económicas y políticas, y un compromiso renovado con la justicia social y ambiental.

Reflexión Final

"La Economía del Bit" no es solo una historia sobre el cambio tecnológico; es un recordatorio de que el futuro está en nuestras manos. Podemos moldear un mundo en el que la tecnología refuerce nuestras capacidades humanas, promueva la dignidad y la justicia, y abra nuevos caminos hacia un bienestar compartido, debemos abrazar el desafío de ser arquitectos conscientes de nuestro destino tecnológico, guiados por una visión de lo que significa vivir bien en el siglo XXI.

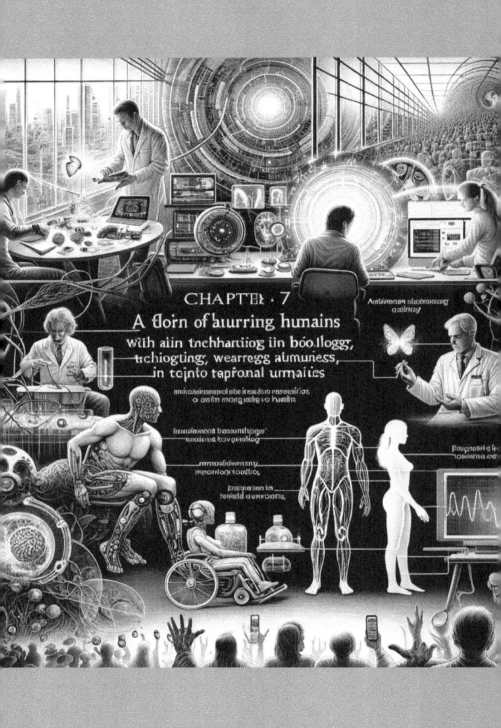

Capítulo 7:

Humanidad Aumentada: Borrando las Líneas entre Tecnología y Biología

1. Tecnologías Emergentes y la Fusión con la Biología

Interfaz Cerebro-Computadora (ICC)

Las interfaces cerebro-computadora representan uno de los avances más revolucionarios en la convergencia de la tecnología y la biología. Estas tecnologías permiten una comunicación directa entre el cerebro humano y los dispositivos externos, abriendo posibilidades extraordinarias para el control de prótesis, la restauración de funciones sensoriales y la mejora cognitiva. Ejemplos de ICC ya están siendo utilizados para ayudar a personas con parálisis a comunicarse e interactuar con el mundo de manera más independiente, marcando el comienzo de una era donde las limitaciones físicas pueden ser superadas a través de la tecnología.

Ingeniería Genética

La ingeniería genética, particularmente a través de tecnologías como CRISPR-Cas9, ofrece el poder de editar el ADN humano con precisión, prometiendo curas para enfermedades genéticas, la mejora de rasgos físicos y cognitivos, e incluso la posibilidad de extender la longevidad humana. Aunque el potencial para el beneficio humano es inmenso, esta área también plantea profundas cuestiones éticas sobre la manipulación de la vida humana, la diversidad genética y las implicaciones de crear desigualdades basadas en el acceso a la mejora genética.

Nanorobots

Los nanorobots, máquinas diminutas diseñadas para operar a una escala molecular o celular, tienen el potencial de revolucionar la medicina desde dentro. Pueden ser programados para realizar tareas específicas, como la administración dirigida de fármacos, la reparación de tejidos dañados o incluso la limpieza de arterias obstruidas. Esta tecnología promete tratamientos más efectivos y menos invasivos, reduciendo los riesgos asociados con las cirugías y mejorando la eficacia de los tratamientos médicos.

Implantes Bioelectrónicos

Los implantes bioelectrónicos, que van desde marcapasos mejorados hasta chips implantados que monitorizan constantemente la salud, están transformando la manera en que interactuamos con nuestro propio cuerpo. Estos dispositivos no solo pueden compensar deficiencias orgánicas sino también mejorar las capacidades humanas, como la visión nocturna o la percepción sensorial ampliada. A medida que estos implantes se vuelven más sofisticados, surgen posibilidades para una integración más profunda de la tecnología en el cuerpo humano, ofreciendo nuevas formas de vivir, experimentar y entender el mundo.

Conclusión

La fusión de tecnologías emergentes con la biología humana está borrando las fronteras entre lo natural y lo artificial, planteando preguntas fundamentales sobre la evolución futura de nuestra especie. Al explorar estas tecnologías emergentes y su aplicación para restaurar o mejorar las capacidades humanas, "Humanidad Aumentada: Borrando las Líneas entre Tecnología y Biología" no solo refleja los avances tecnológicos sino que también invita a una reflexión sobre las implicaciones éticas, sociales y filosóficas de estos desarrollos, debemos considerar cómo estas tecnologías pueden servir al bienestar colectivo y fomentar una sociedad más justa y equitativa, guiándonos por un sentido de propósito y dirección en este nuevo mundo digital.

II. Reconfiguración de la Experiencia Humana

Transformación de la Percepción de la Realidad

La humanidad aumentada está cambiando radicalmente cómo interactuamos con el mundo que nos rodea. Las interfaces cerebro-computadora, por ejemplo, no solo prometen restaurar capacidades perdidas debido a lesiones o enfermedades, sino que también ofrecen la posibilidad de percibir realidades extendidas o completamente nuevas. Esta expansión de la percepción plantea preguntas filosóficas sobre la naturaleza de la realidad y cómo definimos la experiencia humana auténtica.

Revolución en la Salud y la Longevidad

Los avances en la medicina regenerativa, la terapia génica y los implantes bioelectrónicos están redefiniendo lo que significa estar sano y cuánto podemos vivir. La posibilidad de curar enfermedades genéticas antes incurables, regenerar órganos dañados y aumentar nuestras defensas contra el envejecimiento sugiere un futuro en el que la longevidad y una vida libre de enfermedades podrían ser alcanzables para muchos. Sin embargo, estas posibilidades también traen consigo dilemas éticos sobre el derecho al acceso a estas tecnologías y las desigualdades que podrían surgir.

Ampliación de Capacidades Físicas y Mentales

La tecnología ofrece vías para mejorar no solo nuestra salud, sino también nuestras capacidades físicas y cognitivas. Exoesqueletos y prótesis avanzadas permiten a personas con discapacidades recuperar o incluso superar las capacidades físicas normales, mientras que las tecnologías de mejora cognitiva prometen aumentar nuestra memoria, concentración y capacidad de aprendizaje. Estas mejoras plantean preguntas sobre la identidad humana y la equidad: ¿quién tiene acceso a estas mejoras y cómo cambian nuestras relaciones sociales y la estructura de nuestras comunidades?

Implicaciones Sociales y Éticas

La reconfiguración de la experiencia humana mediante la tecnología invita a reflexionar sobre cómo estructuramos nuestras sociedades y economías. A medida que las mejoras biotecnológicas se vuelven más comunes, podríamos enfrentarnos a divisiones socioeconómicas basadas en quién puede permitirse tales mejoras. Esto plantea la necesidad de políticas inclusivas que aseguren el acceso equitativo a las tecnologías que definen cada vez más lo que significa ser humano.

Conclusión

La humanidad aumentada no es solo un testimonio del ingenio humano y el deseo de superar nuestras limitaciones biológicas; también es un espejo que refleja nuestras aspiraciones, temores y valores colectivos. Al igual que los exploradores del pasado que se aventuraron en lo desconocido, estamos en el umbral de una nueva era que promete redefinir la existencia humana, debemos abordar esta era no solo con asombro y anticipación, sino también con una reflexión cuidadosa sobre cómo estas tecnologías pueden servir para construir un futuro que celebre la diversidad de la experiencia humana y promueva una sociedad más justa y equitativa.

III. Cuestiones Éticas y Filosóficas

Reconceptualización de la Humanidad

En una era de humanidad aumentada, la pregunta "¿Qué significa ser humano?" adquiere nuevas dimensiones. La ingeniería genética, las interfaces cerebro-computadora y los implantes bioelectrónicos expanden nuestras capacidades físicas y cognitivas, borrando las líneas tradicionales entre lo humano y lo artificial. Estas tecnologías nos obligan a reconsiderar aspectos fundamentales de nuestra identidad, como la autonomía, la conciencia y la individualidad, desafiándonos a definir qué aspectos de la experiencia humana son inalienables y cuáles son susceptibles de mejora o cambio.

Navegación de Dilemas Éticos

Las tecnologías emergentes plantean dilemas éticos significativos. La ingeniería genética, por ejemplo, ofrece el potencial para erradicar enfermedades genéticas, pero también suscita preocupaciones sobre la eugenesia y la creación de desigualdades biológicas. Del mismo modo, la mejora cognitiva a través de la tecnología plantea preguntas sobre la equidad y el acceso, mientras que la posibilidad de la inmortalidad potencial desafía nuestras concepciones de la vida, la muerte y el ciclo natural. Estos dilemas requieren un diálogo ético profundo que equilibre las promesas de la tecnología con la preservación de los valores humanos fundamentales.

Reflexión sobre Valores, Derechos y Responsabilidades

La integración de la tecnología en nuestra biología nos invita a reflexionar sobre nuestros valores, derechos y responsabilidades en una sociedad cada vez más tecnológica. ¿Cómo garantizamos que todos tengan acceso equitativo a las mejoras tecnológicas? ¿Cuáles son los límites éticos de la modificación del cuerpo humano y la mente? ¿Cómo protegemos la privacidad y la autonomía personal en un mundo donde la tecnología puede monitorear y modificar nuestros pensamientos y acciones? Estas preguntas subrayan la necesidad de marcos éticos y legales que rijan el desarrollo y la aplicación de tecnologías de humanidad aumentada.

Conclusión

La convergencia de la tecnología y la biología ofrece un futuro de posibilidades ilimitadas para la expansión de la experiencia humana. Sin embargo, también plantea preguntas fundamentales sobre lo que significa ser humano en el siglo XXI, debemos abordar estas cuestiones éticas y filosóficas con un sentido de responsabilidad compartida, buscando construir un futuro en el que la tecnología no solo amplíe nuestras capacidades sino que también enriquezca nuestra humanidad, asegurando que avancemos de manera que respete la dignidad, la equidad y los valores fundamentales de nuestra especie.

IV. Desafíos Sociales y Económicos

La Brecha de Acceso a Mejoras Tecnológicas

Uno de los desafíos más inmediatos es la creciente brecha entre aquellos que tienen acceso a mejoras tecnológicas y aquellos que no. Esta división no solo se refiere a la brecha digital tradicional —el acceso a internet y a la tecnología de la información— sino que se extiende a la brecha biotecnológica, donde las mejoras en la salud, la longevidad y las capacidades cognitivas podrían llegar a ser privilegios de los económicamente capaces. Esta disparidad tiene el potencial de exacerbar las desigualdades existentes, creando clases sociales no solo definidas por la riqueza y el estatus, sino también por la biología.

Implicaciones Laborales y Económicas

La humanidad aumentada también presenta desafíos laborales y económicos significativos. A medida que las mejoras tecnológicas aumentan la eficiencia y la capacidad productiva de los individuos, también podrían alterar el mercado laboral, desplazando trabajos tradicionales y creando demanda para nuevos roles que aún no podemos prever completamente. Estos cambios requieren una adaptación en los sistemas educativos y de capacitación para preparar a las futuras generaciones para una economía en constante cambio, donde la tecnología y la biología se entrelazan.

Necesidad de un Marco Regulatorio

La creciente fusión de la tecnología y la biología subraya la necesidad de un marco regulatorio robusto que equilibre la innovación con la protección del bienestar humano. Este marco debería abordar no solo las cuestiones de privacidad y seguridad sino también garantizar que los beneficios de la humanidad aumentada se distribuyan de manera justa. La regulación debería fomentar la investigación y el desarrollo de tecnologías que puedan beneficiar a la humanidad, al tiempo que protege contra los usos que podrían socavar la equidad, la dignidad y los derechos humanos.

Conclusión

Los desafíos sociales y económicos de la humanidad aumentada requieren una reflexión profunda y un diálogo global para garantizar que avanzamos hacia un futuro que respete la dignidad y el valor de todos los seres humanos, debemos preguntarnos cómo las tecnologías que amplían nuestras capacidades biológicas pueden ser implementadas de manera que promuevan una sociedad más justa y equitativa, en lugar de una que profundice las divisiones existentes. Al igual que en los capítulos anteriores, el enfoque no está solo en lo que la tecnología puede hacer, sino en lo que debería hacer para servir al bienestar colectivo de la humanidad. Navegar estos desafíos es crucial para asegurar que la era de la humanidad aumentada sea una de oportunidad y esperanza para todos, no solo para unos pocos privilegiados.

V. Conclusión: Navegando Nuestro Futuro Compartido

Reflexión sobre el Futuro que Deseamos

Al adentrarnos en esta nueva era, la pregunta fundamental que surge es: ¿Qué tipo de futuro queremos construir? Esta interrogante nos lleva más allá de las consideraciones tecnológicas y científicas para adentrarnos en el ámbito de los valores, la ética y la visión compartida. Es crucial que las tecnologías que desarrollamos y cómo elegimos implementarlas estén alineadas con un futuro que valore la equidad, la dignidad y el bienestar de todos los seres humanos, no solo de unos pocos privilegiados.

Guía Ética y Equitativa de la Innovación

La integración de la tecnología en nuestra biología ofrece oportunidades sin precedentes para superar limitaciones humanas, desde enfermedades genéticas hasta limitaciones físicas y cognitivas. Sin embargo, debemos navegar este territorio desconocido con una brújula ética que garantice que estas innovaciones promuevan un futuro más justo y equitativo. Esto implica un compromiso con la inclusión, asegurando que todos tengan acceso a las mejoras tecnológicas y que las brechas existentes no se amplíen aún más.

Compromiso Colectivo con el Bienestar Humano

Como los antiguos exploradores que trazaron mapas de territorios desconocidos, nos encontramos cartografiando el futuro de la humanidad en una era de tecnología avanzada. Este viaje requiere de un compromiso colectivo para considerar cuidadosamente las implicaciones a largo plazo de nuestras decisiones y acciones. La tecnología debe ser una herramienta para amplificar nuestras capacidades humanas de manera que respete y promueva los valores fundamentales que definen nuestra humanidad.

Navegando el Futuro con Cuidado y Consideración

La tarea que tenemos por delante es monumental, pero también está llena de esperanza y potencial. Al enfrentar las decisiones críticas sobre cómo la tecnología se integra en nuestra biología, debemos hacerlo con cuidado, consideración y un profundo respeto por el tejido de la vida humana, podemos abordar estas preguntas fundamentales con una visión holística que busque equilibrar el progreso tecnológico con la preservación y promoción de la dignidad humana.

Construyendo un Futuro Deseable para Todos

En conclusión, "Humanidad Aumentada: Borrando las Líneas entre Tecnología y Biología" nos desafía a contemplar con seriedad y esperanza el futuro que estamos creando. Inspirados por las narrativas expansivas de la historia y el potencial humano, tenemos la responsabilidad colectiva de guiar la evolución de nuestra especie hacia un futuro donde la tecnología sirva a los intereses más elevados de la humanidad, asegurando que avanzamos hacia un destino compartido marcado por la justicia, la equidad y el respeto profundo por nuestra esencia común.

Capítulo 8

Mirando hacia el Futuro: Desafíos y Promesas en la Era de la Singularidad

I. La Era de la Singularidad

Innovación y Cambio sin Precedentes

La Singularidad se caracteriza por la creación de IA que no solo iguala, sino que supera la inteligencia humana en casi todos los aspectos cognitivos. Este punto de inflexión podría resultar en avances tecnológicos a un ritmo y escala sin precedentes, abriendo nuevas fronteras en la medicina, la ciencia, y la tecnología. Las enfermedades previamente incurables podrían ser erradicadas, los secretos del universo podrían ser descifrados más rápidamente, y las soluciones a problemas globales persistentes como el cambio climático podrían estar al alcance.

Redefinición de la Vida y el Trabajo

La Singularidad tiene el potencial de redefinir lo que significa trabajar y vivir en el mundo moderno. La automatización y la IA podrían asumir la mayoría de las tareas laborales, liberando a la humanidad para perseguir intereses personales, educativos y creativos con un nuevo enfoque en el crecimiento personal y el bienestar. Sin embargo, esto también plantea cuestiones sobre la identidad y el propósito en una sociedad donde el trabajo tradicional ya no es una necesidad para la supervivencia.

Oportunidades Extraordinarias

Las oportunidades que se desprenden de la Singularidad son vastas. Podríamos ver una era de abundancia, donde la escasez de recursos es algo del pasado gracias a tecnologías avanzadas de energía y manufactura. La longevidad humana podría extenderse significativamente a través de avances en la medicina regenerativa y la biotecnología, cambiando nuestra relación con el envejecimiento y la mortalidad.

Desafíos Éticos y Existenciales

Sin embargo, la Singularidad también plantea desafíos éticos y existenciales profundos. La cuestión de cómo coexistir y regular entidades de IA superinteligentes, la privacidad en una era donde la tecnología puede penetrar los confines más íntimos de la mente humana, y la distribución equitativa de los beneficios tecnológicos son temas críticos que requerirán un nuevo marco ético y legal. Además, la posibilidad de una IA descontrolada o mal utilizada subraya la necesidad de enfoques prudentes y previsores en el desarrollo tecnológico.

Conclusión

Al abordar la Era de la Singularidad, nos enfrentamos a un futuro lleno de posibilidades casi ilimitadas, marcado tanto por el asombro ante lo que podríamos lograr como por la cautela sobre los desafíos que tales logros podrían presentar, debemos abrazar un enfoque holístico que considere no solo las capacidades tecnológicas emergentes, sino también los valores, ética y estructuras sociales que guiarán su integración en la sociedad. Al igual que los exploradores del pasado, que se adentraron en lo desconocido con esperanza y determinación, debemos navegar hacia esta nueva era con un compromiso firme con el bienestar colectivo y la sostenibilidad de nuestra especie y nuestro planeta.

II. Desafíos Éticos y Sociales

Autonomía de las Inteligencias Artificiales

Una de las cuestiones más perturbadoras en la aproximación a la Singularidad es la autonomía de las inteligencias artificiales (IA) superinteligentes. ¿Hasta qué punto deberían tener autonomía las IA, y cómo aseguramos que sus objetivos estén alineados con los valores humanos? La posibilidad de que las IA tomen decisiones independientes, especialmente en áreas críticas como la defensa, la medicina y la gestión de recursos, requiere una reflexión cuidadosa sobre los límites éticos de la delegación de responsabilidades a máquinas.

Privacidad en la Era de la Superinteligencia

La privacidad emerge como un desafío crucial en un mundo interconectado y observado por IA superinteligentes. La capacidad de estas tecnologías para procesar y analizar datos a una escala y con una profundidad sin precedentes plantea riesgos significativos para la privacidad individual y colectiva. La construcción de marcos éticos y legales que protejan la privacidad en este nuevo contexto es esencial para preservar la dignidad y la libertad humanas.

Seguridad y Control sobre las Tecnologías Avanzadas

La seguridad se convierte en una preocupación primordial a medida que desarrollamos tecnologías que podrían superar nuestra capacidad para controlarlas o incluso entenderlas completamente. La creación de salvaguardas robustas contra el mal uso o el comportamiento no intencionado de IA avanzadas es fundamental para evitar consecuencias catastróficas. Esto incluye el desarrollo de sistemas de "apagado" eficaces y la implementación de protocolos de seguridad que evolucionen junto con las tecnologías.

Impacto en la Estructura Social y Económica

La aceleración tecnológica hacia la Singularidad promete transformar la estructura social y económica global, potencialmente exacerbando desigualdades existentes y creando nuevas formas de estratificación social. La pregunta de cómo garantizar que los beneficios de estas tecnologías sean accesibles para todos y no solo para una élite tecnológica o económica es central para construir un futuro equitativo. Esto implica repensar los modelos de propiedad, el acceso a la educación y las oportunidades económicas en la era post-Singularidad.

Navegando los Desafíos

Para navegar estos desafíos éticos y sociales, se requiere un enfoque multidisciplinario que involucre a filósofos, científicos, tecnólogos, legisladores y la sociedad en general. La creación de foros globales para el debate y la colaboración en torno a estas cuestiones es crucial para desarrollar estrategias coherentes y efectivas que guíen la evolución tecnológica de manera responsable.

Este segmento del Capítulo 8 invita a una reflexión colectiva sobre cómo podemos, como sociedad global, abordar los desafíos éticos y sociales en la era de la Singularidad. Se enfatiza la necesidad de una visión compartida y un compromiso con los principios éticos que aseguren que la tecnología sirva al bienestar humano, promoviendo un futuro más justo y sostenible para todos.

III. Promesas de la Singularidad

Avances Revolucionarios en Medicina

Una de las promesas más impactantes de la Singularidad es su potencial para transformar la medicina. Con el poder de la inteligencia artificial superinteligente, la biotecnología y la nanotecnología, podríamos ver avances que erradiquen enfermedades genéticas, curen el cáncer de manera más efectiva y gestionen enfermedades crónicas con precisión sin precedentes. La medicina personalizada, impulsada por algoritmos que pueden analizar el genoma de un individuo y predecir su susceptibilidad a ciertas enfermedades, podría hacer que el tratamiento médico sea increíblemente específico y efectivo. Además, la regeneración de tejidos y órganos a través de la ingeniería biológica podría prolongar la vida humana y mejorar su calidad, acercándonos a una era donde la longevidad extendida sea una realidad para muchos.

Soluciones a Problemas Globales

La Singularidad también promete brindar soluciones innovadoras a problemas globales apremiantes como el cambio climático. Con la capacidad de procesar enormes cantidades de datos y modelar complejas interacciones climáticas, las inteligencias superiores podrían diseñar estrategias efectivas para reducir las emisiones de carbono, optimizar el uso de recursos y desarrollar tecnologías de energía limpia y sostenible. Estas IA podrían también ayudar en la gestión eficiente del agua y la producción de alimentos, asegurando la sostenibilidad a largo plazo de los recursos naturales del planeta.

Prosperidad Económica Ampliada

La era de la Singularidad trae consigo la promesa de una prosperidad económica ampliada, impulsada por la automatización y la eficiencia mejorada. La automatización de tareas repetitivas y la optimización de procesos a través de la IA no solo pueden aumentar significativamente la productividad sino también liberar a la humanidad para enfocarse en actividades creativas y estratégicas. Esto podría llevar a una redefinición del trabajo y la creación de nuevos campos laborales, donde las habilidades humanas como la creatividad, la empatía y el pensamiento crítico sean más valoradas que nunca. Además, la distribución equitativa de los beneficios de la automatización podría garantizar un nivel de vida más alto para todos, reduciendo la pobreza y promoviendo una mayor equidad social.

Conclusión

Las promesas de la Singularidad ofrecen una visión esperanzadora del futuro, donde los límites de lo que es posible se expanden exponencialmente. Sin embargo, la realización de estas promesas depende de nuestra capacidad para navegar los desafíos éticos, sociales y económicos que estas tecnologías avanzadas presentan, debemos abordar estos desafíos con una combinación de audacia, prudencia y un compromiso inquebrantable con los valores humanos fundamentales. Al hacerlo, podemos aspirar a un futuro donde la tecnología sirva para amplificar lo mejor de la humanidad, creando un mundo más saludable, sostenible y equitativo para todos.

IV. Preparándonos para el Futuro

Cultivando la Adaptabilidad

La adaptabilidad se destaca como una cualidad esencial para individuos y sociedades en la aproximación a la Singularidad. En un mundo donde el cambio es la única constante, la capacidad de adaptarse rápidamente a nuevas realidades, tecnologías y paradigmas de trabajo será crucial. Esto implica fomentar una mentalidad de aprendizaje continuo y flexibilidad en todos los ámbitos de la vida y el trabajo.

Fomentando la Educación Continua

La educación continua emerge como un pilar fundamental para preparar a la humanidad para el futuro. La evolución de las tecnologías avanzadas requiere que los sistemas educativos se enfoquen no solo en habilidades técnicas específicas, sino también en enseñar pensamiento crítico, creatividad y adaptabilidad. La educación debe ser vista como un proceso de por vida, donde el aprendizaje y la recapacitación se conviertan en parte integral de nuestras carreras y vidas personales.

Desarrollando Sistemas Éticos y Legales

El desarrollo y la integración de tecnologías avanzadas en la sociedad deben ser guiados por sistemas éticos y legales robustos que puedan abordar las complejidades y desafíos únicos de la era de la Singularidad. Esto incluye crear marcos regulatorios que promuevan la innovación responsable, protejan la privacidad y la seguridad de los individuos, y aseguren que los beneficios de la tecnología se distribuyan equitativamente.

Colaboración Global y Diálogo Interdisciplinario

La colaboración global y el diálogo interdisciplinario son fundamentales para navegar el futuro incierto de la Singularidad. Los desafíos y oportunidades que presenta la convergencia tecnológica no conocen fronteras y requieren una respuesta coordinada de la comunidad internacional. La cooperación entre países, disciplinas y sectores puede fomentar el intercambio de ideas, estrategias y soluciones innovadoras para garantizar un futuro sostenible y equitativo.

Conclusión

Prepararnos para el futuro en la era de la Singularidad es una tarea compleja que requiere una visión proactiva y una acción colectiva, debemos esforzarnos por construir un futuro que respete la dignidad humana, promueva la equidad y la justicia, y abrace la promesa de las tecnologías avanzadas de manera ética y sostenible. Al fomentar la adaptabilidad, la educación continua, el desarrollo de marcos éticos y legales, y la colaboración global, podemos aspirar a navegar hacia un futuro lleno de potencial, desafíos y, sobre todo, esperanza para la humanidad en su conjunto.

V. Conclusión: Navegando hacia el Futuro con Propósito

Enfocando el Futuro con Valores

La singularidad, con su promesa de avances exponenciales, plantea la oportunidad única de reimaginar nuestro mundo. Sin embargo, el avance tecnológico por sí solo no garantiza un futuro deseable; es la aplicación ética y consciente de estas tecnologías lo que puede conducir a un futuro que amplifique lo mejor de nuestra humanidad. Por lo tanto, se enfatizaría la importancia de incrustar en el núcleo de nuestra evolución tecnológica los valores de equidad, sostenibilidad y compasión.

Principios Guía para la Evolución Tecnológica

A medida que avanzamos, la definición de principios guía para la mejora y el desarrollo tecnológico se convierte en una prioridad. Estos principios deberían fomentar una profunda reflexión sobre las implicaciones a largo plazo de nuestras elecciones tecnológicas, asegurando que los beneficios de la singularidad se distribuyan equitativamente y que los riesgos se gestionen con precaución y diligencia. La educación, el diálogo intercultural y la cooperación internacional jugarán roles cruciales en la formación de estos principios.

Un Llamado a la Acción Colectiva

Reconociendo que el futuro es una creación colectiva, este capítulo concluiría con un llamado a la acción global. No es suficiente que los científicos, tecnólogos y líderes políticos naveguen estos cambios; se requiere la participación activa de toda la humanidad. A través de la educación, la participación cívica y el compromiso comunitario, cada individuo tiene un papel que desempeñar en la configuración de nuestro futuro compartido.

Construyendo un Futuro Reflexivo

Finalmente, la conclusión reafirmaría la necesidad de abordar el futuro no solo con una visión de lo que la tecnología puede lograr, sino también con una comprensión profunda de lo que significa vivir una vida buena y significativa. A medida que nos acercamos al umbral de la Singularidad, debemos preguntarnos constantemente cómo podemos utilizar la tecnología no solo para cambiar el mundo, sino para construir un mundo en el que valga la pena vivir para todos.

Epílogo

Más Allá de lo Humano: Reflexiones sobre Nuestro Destino Tecnológico

I.   Reflexión sobre la Trayectoria Humana

Desde las Sabanas Africanas hasta la Era Tecnológica

La historia de la humanidad es una de adaptación y transformación. Comenzando en las sabanas africanas, nuestros antepasados forjaron herramientas de piedra que marcaron el inicio de una era de innovación continua. A través de cada edad — de la piedra, del bronce, del hierro — hasta la revolución industrial y la era de la información, hemos utilizado la tecnología para expandir nuestras capacidades, superar desafíos y explorar nuevos horizontes.

Herramientas y Tecnología como Motores de Cambio

Cada herramienta inventada, cada avance tecnológico, ha sido un peldaño en la escalera de nuestra evolución. Desde el dominio del fuego hasta el desarrollo de la rueda, la escritura, y mucho más allá, hacia el descubrimiento de la electricidad, el vuelo, y la digitalización del conocimiento, cada innovación ha empujado a la humanidad más allá de los límites previamente imaginados. Estos avances no solo han remodelado nuestro mundo externo, sino que también han transformado nuestra comprensión de nosotros mismos y de nuestro lugar en el universo.

Más Allá de Nuestra Biología

En los últimos siglos, y especialmente en las últimas décadas, hemos comenzado a trascender los límites de nuestra biología de maneras que nuestros ancestros nunca podrían haber imaginado. La medicina moderna, la genética, y la tecnología digital han abierto posibilidades para mejorar y extender nuestras vidas de maneras extraordinarias. Estamos en el precipicio de una era donde la integración de la tecnología en nuestro ser biológico podría liberarnos de las limitaciones impuestas por nuestra propia naturaleza física.

Reflexionando sobre Nuestro Destino

Este momento de reflexión sobre nuestra trayectoria invita a una consideración profunda de hacia dónde vamos. La historia de la humanidad es un testimonio de nuestra capacidad inigualable para imaginar, crear, y adaptarnos. Sin embargo, a medida que avanzamos hacia futuros inimaginables, impulsados por avances tecnológicos que prometen una nueva era de posibilidades, nos enfrentamos a preguntas fundamentales sobre el destino que deseamos forjar.

II. La Tecnología como Extensión de la Humanidad

Tecnología: Un Espejo de la Evolución Humana

Desde el primer uso de herramientas en las sabanas africanas hasta los últimos avances en inteligencia artificial y biotecnología, la tecnología ha servido como un espejo de la evolución humana. Cada invención y cada descubrimiento han sido pasos en el largo camino de la humanidad hacia la comprensión y la manipulación del mundo que nos rodea. La tecnología es, en esencia, la manifestación física de nuestro deseo innato de explorar, entender y superar los confines de nuestra existencia.

Creación y Destrucción: El Doble Filo de la Tecnología

La historia de la tecnología es una de logros asombrosos y, a veces, de consecuencias inesperadas. Ha sido una fuerza de creación, permitiéndonos construir civilizaciones, curar enfermedades y conectar a la humanidad a través de continentes y océanos. Sin embargo, también ha sido una fuerza de destrucción, con la capacidad de alterar ecosistemas, desplazar comunidades y, en las manos equivocadas, infligir daño a gran escala. Esta dualidad invita a una reflexión continua sobre la responsabilidad ética que acompaña a nuestro poder tecnológico.

La Tecnología y su Impacto en la Sociedad, la Economía y la Ética

El impacto de la tecnología trasciende los límites de la innovación individual para remodelar la sociedad, la economía y la estructura ética de nuestra existencia. Las redes sociales, la inteligencia artificial y la genómica personalizada no solo han transformado nuestras vidas diarias, sino que también han planteado preguntas fundamentales sobre la privacidad, la autonomía y la igualdad. Cómo elegimos desarrollar, implementar y regular la tecnología refleja y moldea nuestros valores colectivos y nuestras prioridades como sociedad.

Moldeando y Siendo Moldeados por la Tecnología

Nos encontramos en un ciclo continuo de influencia mutua con nuestras creaciones tecnológicas. La forma en que diseñamos y utilizamos la tecnología refleja nuestras esperanzas, miedos y valores. Al mismo tiempo, la tecnología nos moldea a nosotros, cambiando nuestras percepciones, nuestras interacciones e incluso nuestra neurología. Reconocer esta interdependencia es crucial para navegar conscientemente hacia el futuro, asegurando que nuestras herramientas tecnológicas sirvan para ampliar, y no para disminuir, la calidad y la dignidad de la vida humana.

Conclusión: Un Futuro Consciente

Al reflexionar sobre la tecnología como extensión de la humanidad, se nos recuerda la importancia de abordar nuestro destino tecnológico con intención y conciencia, debemos esforzarnos por desarrollar y utilizar la tecnología de manera que refuerce lo mejor de nuestra humanidad: nuestra capacidad de compasión, nuestra búsqueda de conocimiento y nuestra aspiración a un mundo más justo y sostenible. Al hacerlo, podemos asegurar que la tecnología, en todas sus formas, sea un verdadero aliado en nuestra continua evolución hacia un futuro en el que todos podamos prosperar.

III. Desafíos y Promesas del Futuro

Preparación para un Mundo en Constante Cambio

La aceleración del cambio tecnológico nos desafía a ser extraordinariamente adaptables. La educación, por lo tanto, debe enfocarse no solo en habilidades técnicas específicas, sino en cultivar la flexibilidad mental, la creatividad y la capacidad de aprender y desaprender rápidamente. La preparación para este futuro también implica fomentar una comprensión más profunda de los sistemas éticos y filosóficos que guían nuestras decisiones sobre el desarrollo y la aplicación de tecnología.

Navegando entre Desafíos y Promesas

Los avances en campos como la inteligencia artificial, la biotecnología y la nanotecnología ofrecen promesas de soluciones a problemas persistentes como las enfermedades, el envejecimiento, el cambio climático y la escasez de recursos. Sin embargo, estos mismos avances plantean preguntas fundamentales sobre la autonomía, la privacidad, la seguridad y la equidad. Cómo equilibrar estos beneficios potenciales con los riesgos asociados es uno de los desafíos centrales de nuestra época.

Decisiones sobre Nuestras Creaciones Tecnológicas

A medida que nuestras capacidades tecnológicas se expanden, también lo hace nuestra responsabilidad ética en la gestión de estas herramientas. La gobernanza global de tecnologías disruptivas, la implementación de marcos regulatorios flexibles pero robustos y el compromiso con principios de diseño responsable son esenciales para asegurar que nuestras creaciones tecnológicas sirvan al bien mayor. La participación pública informada y el diálogo interdisciplinario serán cruciales para navegar estas decisiones complejas.

Eligiendo Nuestro Futuro Colectivo

Finalmente, el epílogo subrayaría que el futuro no es algo que simplemente nos sucederá, sino algo que podemos y debemos moldear activamente. Se hace un llamado a la humanidad para que se involucre conscientemente en la construcción de ese futuro, eligiendo no solo las tecnologías que desarrollamos sino también los valores y principios que queremos que esas tecnologías promuevan. La era de la singularidad nos ofrece una oportunidad sin precedentes para re imaginar y reconstruir nuestro mundo, pero también nos impone la responsabilidad de hacerlo de manera que refleje lo mejor de lo que significa ser humano.

IV. Elección del Camino a Seguir

Nuestro Poder Transformador y la Responsabilidad que Conlleva

A medida que nos adentramos en territorios desconocidos, impulsados por la rapidez del progreso tecnológico, enfrentamos el desafío de canalizar nuestro poder colectivo de maneras que fomenten un futuro deseable. La tecnología, con su capacidad para remodelar nuestro mundo, nos otorga un poder sin precedentes. Este poder viene acompañado de una responsabilidad igualmente grande: la de usarlo con sabiduría, ética y consideración por el bienestar colectivo de la humanidad y del planeta.

Considerando Capacidades Tecnológicas y Valores Fundamentales

La elección del camino a seguir implica un ejercicio de introspección y proyección hacia el futuro. No se trata solo de qué tecnologías desarrollamos, sino de cómo las implementamos y para qué fines. Los valores y principios que elegimos como guía de nuestra evolución tecnológica determinarán la calidad y la naturaleza del mundo que estamos creando. Es esencial que estos valores reflejen un compromiso con la justicia, la equidad, la sostenibilidad y el respeto por la dignidad humana.

La Importancia de la Elección Consciente y Colectiva

Este momento histórico requiere una elección consciente y colectiva sobre nuestro destino tecnológico. Cada individuo, comunidad y nación tiene un papel que desempeñar en la configuración de este futuro. La participación activa en el diálogo sobre el futuro de la tecnología, la educación continua sobre los avances tecnológicos y sus implicaciones, y el compromiso con la toma de decisiones inclusiva y democrática son pasos cruciales hacia la construcción de un futuro que todos deseamos.

Hacia un Futuro Reflejo de lo Mejor de Nuestra Humanidad

La conclusión de este epílogo subrayaría la oportunidad que tenemos ante nosotros: la de usar la tecnología para amplificar lo mejor de nuestra humanidad, en lugar de exacerbar nuestras divisiones y debilidades. Inspirados por las lecciones del pasado y las posibilidades del futuro, podemos elegir construir un mundo donde la tecnología sirva para mejorar la vida de todos, no solo la de unos pocos privilegiados. La era de la singularidad presenta desafíos significativos, pero también la promesa de un futuro en el que la colaboración, la innovación y la compasión guíen nuestro avance colectivo.

V. Conclusión: Un Llamado a la Reflexión y Acción

Reflexión Colectiva

Este segmento del epílogo instaría a los lectores a contemplar la trayectoria de la humanidad, reconociendo cómo la tecnología, desde las herramientas de piedra hasta la inteligencia artificial, ha sido una extensión de nuestra capacidad para influir en el mundo. La reflexión se extendería hacia cómo, a través de nuestras elecciones tecnológicas, hemos llegado a desempeñar el papel de arquitectos de nuestro destino, moldeando nuestro entorno, sociedad y, en última instancia, a nosotros mismos de maneras fundamentales.

Llamado a la Acción

Más allá de la contemplación, este llamado a la acción enfatizaría la necesidad de una participación activa y consciente en la dirección de nuestro futuro tecnológico. Cada individuo, comunidad y nación tiene un papel crucial que desempeñar en la construcción de un futuro que refleje nuestros valores y aspiraciones más elevadas. La colaboración global, el diálogo interdisciplinario y el compromiso ético son presentados como pilares esenciales para navegar los desafíos venideros, asegurando que las tecnologías emergentes se desarrollen y utilicen de manera que beneficien a toda la humanidad y al planeta.

Ética y Propósito

Subrayando la importancia de abordar la era tecnológica con un sentido de propósito y ética, el epílogo remarcaría cómo nuestras decisiones actuales configuran el legado que dejaremos a las futuras generaciones. La tecnología, en su inmenso potencial para transformar nuestras vidas, presenta una oportunidad sin precedentes para abordar desafíos globales, mejorar la calidad de vida y explorar nuevas fronteras del conocimiento y la existencia. Sin embargo, hacer realidad este potencial requiere un compromiso firme con principios éticos que guíen nuestra exploración y aplicación de la tecnología.

Construyendo el Futuro

La frase de cierre, "La tecnología nos ha llevado de ser meros espectadores del universo a arquitectos de nuestro propio destino. ¿Cómo elegiremos construir ese futuro?", encapsula el mensaje central del epílogo, sirviendo como una poderosa reflexión sobre nuestra agencia y responsabilidad en la era de la tecnología avanzada. Este momento de reflexión colectiva nos invita a considerar cuidadosamente el tipo de futuro que deseamos forjar, no solo para nosotros sino para las generaciones venideras, enfatizando que el futuro tecnológico que deseamos es uno que debemos elegir conscientemente y construir juntos.